让你终身受益的

说话之道

潘鸿生 编著

北京工业大学出版社

图书在版编目（CIP）数据

让你终身受益的说话之道 / 潘鸿生编著. —北京：
北京工业大学出版社，2017.3（2022.3 重印）
ISBN 978-7-5639-5118-5

Ⅰ. ①让… Ⅱ. ①潘… Ⅲ. ①语言艺术－通俗读物
Ⅳ. ①H019-49

中国版本图书馆 CIP 数据核字 (2016) 第 314168 号

让你终身受益的说话之道

编　　著：潘鸿生
责任编辑：宫晓梅
封面设计：周　飞
出版发行：北京工业大学出版社
　　　　　（北京市朝阳区平乐园 100 号　邮编：100124）
　　　　　010-67391722（传真）　bgdcbs@sina.com
经销单位：全国各地新华书店
承印单位：唐山市铭诚印刷有限公司
开　　本：787 毫米 ×1092 毫米　1/16
印　　张：14
字　　数：164 千字
版　　次：2017 年 3 月第 1 版
印　　次：2022 年 3 月第 4 次印刷
标准书号：ISBN 978-7-5639-5118-5
定　　价：39.80 元

前　　言

　　当今社会，说话艺术已成为每个人都无法逃避的课程。美国成功学大师戴尔·卡耐基曾说过："一个人的成功15%取决于技术知识，85%取决于说话艺术。"可见说话在事业以及生活中的重要性。一个人说话水平的高低，已经成为其生活及事业能否取得成功的关键因素。说话这件事，可不是小事。很多人虽拥有出众的才华和倾城的相貌，但却没能够在事业上取得成功，多数的原因都是他们不具备一张能说会道的嘴。

　　中国有句老话："好马好在腿上，好人出在嘴上。"这里所说的"嘴"，指的不是用来吃饭的嘴，而是说话的嘴。而人生的幸福也全靠这张嘴。一个会说话的人，遇见陌生人时，知道如何说话才能跟对方达成一种一见如故的默契；和同事共事时，知道如何说话才能受到大家的欢迎；拜访客户时，知道如何说话才能让客户满意，从而决定购买自己的产品；跟恋人或朋友说话时，知道怎样给对方带来乐趣，加深彼此间的感情……而那些不会说话的人，笨嘴拙舌、言不达意，不仅不能与别人进行有效的沟通，还会错失良机，很难在事业上有出人头地的发展。正所谓"一句话能把人说得笑，一句话也能把人说得跳"。同样是说话，为什么会有如此大的区别呢?这其中的关键就在于前者在谈话时能够运用各种说话之道，把话说到别人的心窝里，从而成功地赢得别人的信任和喜爱；而后者却不懂说话之道，导致说话不得体而失去人心。

会说话是一种最基本的社交技能，也是一种卓越的人生资本。良好的说话之道能助你事业成功，能使你在危急关头化险为夷，能使你在社交中游刃有余，能使你在人生的旅途中大步前进。

本书就是一本教你说话之道的艺术指南，没有过于深奥的学术理论，没有华而不实的噱头，有的只是说话过程中具体技巧的应用与实际可行的操作方法。相信本书能让你更有智慧地说话，从而成为一个会说话的人。

目　　录

上篇：说话之道，成功之道

下篇：说话实战，解析各种情景

上篇：说话之道，成功之道

第一章　突破自我，敢开口就是大赢家

不用担心，说话时紧张很正常

在现实生活中，有些人可能会有这样的经历和感受：面对熟悉的人，自己可以表现得从容自若；但是一遇到陌生人，特别是许多陌生人都把焦点聚集在自己身上的时候，自己就会特别紧张，声音发抖，甚至变得语无伦次，于是，在有了一两次失败的经历之后，自己就再也不愿意上台发言了。

其实，你没必要为此苦恼或者感到自卑，因为并不是只有你一个人会在公众面前说话而感到紧张。与你一样紧张的大有人在。1993年，布拉斯金·戈德林调查公司做了一项调查。研究表明，有45%的人当众讲话会出现紧张的情绪。另外，亚特兰大行为研究院的罗纳德·塞弗特所做的研究也表明：有4000万美国人不喜欢发言，他们宁愿做任何事也不愿意当众讲话。而且，多达4000万需要经常发言的人在发言时无法摆脱焦虑和紧张。所以，你如果以为只有自己害怕讲话，那么，你尽可以放心，你绝非那么孤单。可以毫不夸张地说，人人都可能在说话前后或说话过程中出现紧张的心理：性格内向、沉默寡言者如此，天性活泼、思想活跃者如此，即便演说专家、能言善辩者也不例外。

曾在日本演说艺术界居于首位的德川梦声先生被誉为"演说名人"。以下有一段话，是他根据自己多年的临场经验，所发表的关于演讲的看法。读完他的这段话，大家也许会更明白为什么人人都会有说话时的紧张、恐惧心理。

上台发表演说之前，无论何人，都会感到紧张，都无法镇静下来。你也许会问："像你这样身经百战，见过了大大小小各种场面的职业演说家，还会紧张吗？"

像这种问题，我不知被问了多少次了，但是，我告诉你们，无论是怎样熟练的老手，也无法做到完全不紧张，因为，不管演讲还是座谈，我们总是得开口，这就必须认真地去做才行。

当然，如果面对我熟悉的一群听众，说些很平常的内容，我有时也会毫无感觉，就好像教师对他班上的学生讲课一样，没什么好紧张的。

但如果在陌生的场所，又不知道听众的身份的时候，就算是一流的演说家，也会感到紧张。

演讲虽说是我的职业，但是我却不喜欢在众人面前高谈阔论，总希望能尽量躲掉。我所喜欢的是和谈得来的朋友闲话聊天，因为我并非讨厌说话而是讨厌正正经经地说话。

刚刚提到的，在上台演讲前的不安心情，我很不喜欢；而在演讲中途的紧张情绪，也不是一种好的感觉；下了台之后，那种挥之不去的余悸，更令我受不了。

比方说，准备了一个固定的笑话或小故事，只在上台时把它们搬出来说一说，说完后也不会有什么余悸，因为可以预料不会发生什么严重的错误，所以并没有什么烦闷的。但是，对我个人来说，常会在陌生场合演讲，那么，失败的比例就会比较高。

这一番话告诉我们：人人都有紧张、恐惧的说话心理，职业演说名家也不例外。紧张是一种生理反应过程，通常是指由于外来压力致使人机体所产生的一种生理结果。外来压力过大或机体本身应对能力过低，人就会产生过度紧张。

说话时紧张的人，主要表现为：说话时呼吸紊乱，氧气的吸入量减少，头脑一时陷入无意识状态，说出的话并不是心里想要表达的。在某种意义上说，"呼吸"和"气息"是一个意思，因而调整呼吸的目的就是使气息平稳。说话时紧张，我们就会感到怯场——呼吸紊乱——反应迟钝——说话支离破碎。调整呼吸会有所好转。说话时全身处于松弛状态，安静地进行深呼吸，吐气时稍微慢一点。这样一来，心就踏实了。此外，微笑对于缓和全身的紧张状态也有很好的作用。微笑不仅能调整呼吸，还能使头脑反应灵活，思维集中。

克服当众说话的恐惧心理

生活中，不少人害怕当众讲话。事实上，大多数人都在不同程度上具有这种心理。美国南北战争时期，身经百战的英雄格兰特将军在回忆自己早年的演讲活动时说："我一站在演讲台上，就会像得了脊髓病一样，两腿抖得站都站不稳，身子也立不直，一副丢人现眼的样子。"马克·吐温是世人皆知的幽默大师和演讲家，他回忆自己早年演讲的情景时说："上台伊始，就感到嘴里像是塞满了棉花，脉搏跳得像在争夺百米赛跑的冠军奖杯。"古罗马时期最伟大的演讲家西塞罗也曾说过这样的话："一开始就感到自己面色苍白，四肢和整个心灵都在颤抖。"此种感受，在丘吉尔那里被描述为"心窝里好像塞着一个厚厚的冰疙瘩"。连林肯也承认，"在相当长的一段时间里，每次演讲总有一种畏惧、惶恐和忙乱"。仅仅是恐惧可能还不算严重，有的演讲者会因过度紧张而晕倒在讲台上。

几年前，一位家庭医生克狄斯大夫，前往佛罗里达州度假。度假地离著名的"巨人棒球队"的训练场地不远，克狄斯大夫是一位铁杆球迷。他经常去看球队练习，渐渐地他就和球员们成了好朋友。一天，他被邀请参加一次球队的宴会。吃饭前，宴会的主持人请他就棒球运动员的健康情况谈一谈自己的想法。

克狄斯是专门研究卫生保健的，他行医也已三十多年。对主持人提出的这个问题，他本应该不用做任何准备就可以侃侃而谈。可是，在这种场合下他还是第一次。当听到主持人提到自己的名字时，他的心跳立刻加快，简直不知所措。他努力使自己镇静下来，可无济于事，他的心脏仿佛就要跳出胸膛。这时参加宴会的人都在鼓掌，大家全都注视着他。怎么办？再三思虑之后，他摇摇头，表示拒绝。但却引来了更热烈的掌声，听众也自发地呼喊起来。

克狄斯心里清楚，在这种极其沮丧的情绪支配下，自己即使站起来演讲，也肯定会失败，更有甚者可能连五六个完整的句子都讲不出来。他只好站起来，背对着朋友，默默地走了出去，心中充满了耻辱。

当一个人克服了在一群人面前说话的畏惧后，也会克服对自己、对别人以及对生活本身的畏惧。对自己有了全新的认识后，我们会受到一种鼓舞，会敢于去做以前从来不相信自己能做到的事——这就是当众讲话带给我们的自信。所以说，只要你肯多花时间，努力改变，不断训练自己，你就会发现这种恐惧感很快就会降低到适当的程度，这时它就会成为一种动力而不是阻力。

那么，如何克服当众说话的恐惧心理呢？

1. 不要逃避失败

只有弱小的自卑者才会盯着自己的失败和缺点不放手，才会逃避现实，不敢肯定自我。有句名言说："现实中的恐惧，远比不上想象中的恐惧那么可怕。"所以面对挑战，鼓起勇气，多试几次，你的自信心就会慢慢增强。

2. 不断丰富和充实自己

有时，人恐惧、紧张是因为知识领域过于狭窄或对当前发生的事情知道得太少。假若你能经常读些课外书籍、报纸杂志来开拓自己的视野，丰富自己的阅历，你就会发现，在公共场合你可以毫无困难地表达你的意见。这将会帮助你树立自信，克服紧张。

3. 不要给自己反面的刺激

在讲话过程中还应尽量避免受到令自己不安的反面刺激，比如，总是设想自己会犯语法错误或总担心自己会突然停顿下来，讲不下去了。这些反面刺激很可能会动摇你的信心。因此，在开口时，尽量把注意力从自己身上移开，避免不必要的紧张。

4. 转移注意力

人们在突然出现的恐惧面前会紧张地抓住周围的人或某件东西不放，这其实是转移注意力的一种方法。我们在当众讲话时若是因怯场控制不住情绪，也不妨手中拿着一件什么东西，如钢笔、纸张、笔记本、火柴棍等，这样就有可能使怯场情绪有所缓和。

突破自我，不断学习

每个人都想拥有成功的人生，都希望能够在众人面前语出惊人，展现自己的风采，树立自己的形象。如果一个人具有良好的说话能力，他就一定会展现出无穷的魅力。

然而，说话才能并不是一种与生俱来的才能，它是靠刻苦训练得来的。古今中外历史上一切口若悬河的演讲家、雄辩家无一不是靠刻苦训练而获得成功的。

著名演讲家、英国首相丘吉尔就是在演讲方面勤奋刻苦的典型代表。他的儿子伦道夫在书中曾这样写道："我的父亲之所以能成为世界上杰出的演讲家，就是因为他把毕生的精力都花在了写演讲稿、记忆这些演讲稿和练习演讲上。"正是由于丘吉尔对演讲的酷爱和刻苦练习，他的演讲才达到了炉火纯青的境界。直到今天，人们对丘吉尔那富于激情的演讲仍津津乐道。

古雅典著名演说家德摩斯梯尼，患有口吃病，幼年结巴，语音微弱，演说时常被人喝倒彩。他为了克服疾病，每天清晨口含小石子，呼喊练习。他曾经把自己关在一个黑屋子里练习，为了避免别人打搅，竟把头发剃去一半，成了阴阳头，硬逼着自己专心致志地练习演讲。经过12年刻苦磨炼，他终于成为口若悬河、辩驳纵横的演说家。

狄里斯在西欧被称为"历史性的雄辩家"。据说，他天生声音低沉、呼吸短促、口齿不清，旁人经常听不到他在说些什么。当时，在狄里斯的祖国雅典，政治纠纷较严重，因此，能言善辩的人格外受重视。尽管狄里斯是一个知识非常渊博、思想十分深邃、擅长分析事理、能预见时代潮流和历史发展趋势的人，但是，他认为自己缺乏说话的技巧，容易被时代所淘汰。于是他做了一番周密细致的思考，准备好了精彩的演讲内容，第一次走上了演讲台。不幸的是，他失败了，原因是他发出的声音低沉、肺活量不足和口齿不清，以至于听者无法听清楚他所言何事、何物。但是，狄里斯并未灰心，他反而比过去更努力训练自己说话的胆量。他每天跑到海边去对浪花拍击的岩石放声呐喊；回到家中，又对着镜子观察自己说话时的口形，做发声练习。功夫不负有心人，狄里斯如此努力了好几年，当他再度上台演说时，便博得了热烈的喝彩与激烈的掌声，并一举成名。

无数事实证明，口才的好坏取决于后天的练习。任何一个有志于拥有好口才的人，哪怕是笨嘴拙舌、犯有口吃毛病甚至是有严重的生理缺陷的人，只要专心致志、持之以恒地练习，就会成为说话技巧高超、口才水平出众的人。

良好的口才并不是天生的，而是锻炼出来的。如果你想拥有良好的口才，就要刻苦努力，不断地磨炼自己。同时，你还要掌握一定的方法。因为科学的方法可以使你事半功倍。最适合自己的方法加上持之以恒的刻苦训练会使你拥有良好的口才。

要想有话说，就要有丰富的知识底蕴

生活中，许多人对自己信心十足，胆子也足够大，可是每当让他们讲话的时候，却总是笨嘴笨舌，不知所云，于是有一些人就抱怨自己没有说话的才能。其实，这种想法是很片面的，说话才能并不是天生的，也不是说只要胆子足够大就可以拥有的，说话才能是以文化底蕴为基础的。

苏秦是我国战国时期一位有名的纵横家。什么是纵横家呢？纵横家就是战国时期一些依靠自己的口才来为各国君主出谋划策的人，换句话说，纵横家就是一些靠嘴皮子吃饭的人，而苏秦就是他们中一位杰出的代表。但是，苏秦并不是一开始就是成功的。他当时是大名鼎鼎的谋略家鬼谷子的学生，从老师那里学成之后，曾经先后去游说过周王、秦王，但都失败了。

随后，苏秦很落魄地回到了家里，受到了亲戚朋友，甚至自己父母的冷遇。于是他发愤图强，刻苦攻读，当自己在打瞌睡时，他就用一把小锥子朝自己的大腿上狠狠地刺一下，使自己继续学习下去。

经过刻苦努力，苏秦终于在学识上又上了一个新的高度。于是他再次出马，以自己苦心钻研出来的"合纵之道"游说各国君主，终于获得了巨大的成功，以致身佩六国相印，以三寸不烂之舌抵挡百万雄兵。

在苏秦的例子中，我们不难看出，良好的口才是建立在深厚的学识基础之上的，如果脱离了这个根本，那么口才就会成为无源之水、无本之木，就会像白开水一样淡而无味。

事实证明，口才的好坏与自己掌握知识的多少有密切关系。拥有了深厚的知识积累，口才水平自然就能得到提升。当年诸葛亮一出山便能舌战群儒，就是因为他曾在隆中苦读十多载。所以，要想有好的口才，首先就要丰富自己的内涵，提高自己的学识修养，只有这样，才能够口吐莲花、妙语连珠、倾倒众人。

要想拥有丰富的知识，为良好的口才奠定基础，就要从以下几方面努力：

首先要经常读报、看书、听演讲以扩大自己的知识面，增加自己的知识量。如果你跟人聊天，总感觉没什么可聊的，那么就多看书，丰富自己的知识，这样与人聊天时才会侃侃而谈。当然，读报和听演讲也十分重要，可以拓宽自己的视野，见识多了，在与别人沟通接触时自然就有话题。

其次，要学会处处观察，积累说话的素材。我们需要保持探索客观事实的激情，对纷至沓来的新事物进行细心地观察与思考，刨根求源。

最后，要敢于在实践中多加练习。人的认识依赖于实践，来源于实践。因为人的认识总是通过自己的感官从客观世界取得感觉经验开始的，而感觉经验又必须在接触了某种事物后才能产生，直接接触的事物越多，能提供我们说话的材料就越丰富。

我们常常看到一些文化不高但生活阅历很广的人，天下之大，融于一胸，谈天说地滔滔不绝。但并不是阅历广的人都善于讲话，阅历广只是一个基础，还需要有一定的条件。

第二章　开口见心，与陌生人一聊如故

做个漂亮的自我介绍，让对方认识和了解你

在社交场合中并非人人都相识，而参与社交的人往往希望结识更多的朋友，因此，自我介绍便成了社交中必不可少的程序了。自我介绍是向别人展示你自己的一个重要手段，自我介绍好不好，直接关系到你给别人的第一印象的好坏及以后交往的顺利与否。在人际交往中，正确得体地介绍自己，不仅可以扩大自己的交际范围，广交朋友，还有助于自我宣传、自我展示。

某建筑公司采购员到某钢厂买钢材。他一进销售部的门，就对坐在办公桌边的一位先生说："您好，我是某某建筑公司的采购员，来你厂买圆钢，希望你能帮忙。"说着掏出名片。那位先生接过名片看了一下，赶忙说："我叫李来顺，是厂里的推销员，咱们坐下来谈谈。"通过这样一番简单的自我介绍，钢材贸易的大门打开了，洽谈有了一个良好的开端。

与人初次相见，一个巧妙的自我介绍，无疑为你和陌生人之间搭起了一座沟通的桥梁，是成功交际的第一步。每一个沟通高手与陌生人交谈时，都会知道如何巧妙介绍自己才能博得对方的好感。

杨丽君来到新公司，先去了新上司王主管那里报到，因为面试的时候见了几次，所以并不生疏。王主管带她到工作岗位上向大家宣布这是他们的新同事，并让杨丽君自我介绍一番。

杨丽君先微笑着环视四周，然后开口道："大家好，我叫杨丽君。其实，我们应该是好几年的同事了。"大家的脸上都露出了迷惑不解的神情。

杨丽君再次开口道："如果三年前的某天，小偷没有把我的手机偷走的话，我就有可能接到公司给我打的面试电话，我就有可能参加面试，或许就能早几年成为你们的同事，不是吗？"

听到这话，大家才明白过来，都哈哈一笑。杨丽君又顺势向大家简单介绍了自己，并请大家多多关照。同事们都热心地说没问题，还有一个比较幽默的男同事说："反正都好几年的同事了，有什么事尽管说。大家都能给你出主意。"

自我介绍是一个人的"亮相"，人们的评价就从此时开始。从某种意义上来说，自我介绍是社交活动的一把钥匙。这把钥匙如果运用得好，可使你在以后的活动中得心应手；反之，给对方留下了不良的第一印象，也会使你觉得困难重重。那么，应该怎样做自我介绍呢？心理学家为我们提出了几点建议：

1. 注意内容

自我介绍的内容通常包括本人姓名、年龄、籍贯、学历、特长、兴趣等。至于是否要"和盘托出"，你可根据交际的目的、场合、时限和对方的需要等做出恰当的判断，尽量使对方能从你的自我介绍中获得有用的信息。

2. 注意时间

自我介绍一定要简洁，尽可能地节省时间。通常以半分钟左右为佳，如无特殊情况最好不要长于一分钟。为了提高效率，在做自我介绍的同时，还可利用名片、介绍信等资料加以辅助。

3. 注意态度

自我介绍时，态度一定要自然、友善、亲切、随和。应落落大方，彬彬有礼。既不能矫揉造作，又不能虚张声势，轻浮夸张。进行自我介绍要实事求是、真实可信，不可自吹自擂、夸大其词。此外，语速要适当，语音要清晰。

4. 注意方法

自我介绍前应先向对方点头致意，得到回应后再向对方介绍自己。如果有介绍人在场，自我介绍则被视为是不礼貌的。应善于用眼神表达自己的友善，表达关心以及沟通的渴望。如果你想认识某人，最好预先获得一些有关他的资料或情况，诸如性格、特长及兴趣爱好。这样在自我介绍后，就会很容易融洽交谈。在获知对方的姓名之后，不妨口头加重语气重复一次，因为每个人都很乐意听到自己的名字。

5. 注意时机

你与陌生人初次见面时，必须及时、简要、明确地做自我介绍，让对方尽快了解你。相反，见面时相互凝视半天，你仍沉默或前言不搭后语，对方会很不愉快，甚至会产生许多疑问，使之不愿意与你交往。当然，若对方正与他人交谈，或大家的精力正集中在某人、某事上，则不宜做自我介绍；而与对方一人独处时进行自我介绍，则会产生良好效果。

主动打招呼，让彼此熟悉起来

在人际交往中，打招呼是联络感情的手段、沟通心灵的方式和增进友谊的纽带，所以，我们绝对不能轻视和小看打招呼的作用。而要有效地联络感情的手段，首先应该是积极主动地跟别人打招呼。

清晨，在一辆开往某单位的通勤车上，一车的人谁也没有讲话，大家都躲在自己的报纸后面，彼此保持着距离。

"注意！注意！"突然一个声音响起，"我是你们的司机。"声音威严，车内鸦雀无声。

"你们全都把报纸放下。现在转过头去面对着坐在你身边的人，转啊！"

全车人像听到命令的士兵似的，不由自主地全都服从了"口令"，无一例外，也无一人露出笑容，这是一种从众的本能。

"现在，跟着我说……"又是一道用军队教官的语气喊出的命令，

"早安，朋友！"

大家跟着说完，都情不自禁地笑了。

一直以来怕难为情，大家连普通的礼貌也不讲，现在腼腆之情一扫而光，彼此界限消除了。有的人又说了一遍早安后彼此握手、大笑，车厢内洋溢着笑语欢声。

由此可见，主动向别人打招呼，能拉近双方之间的距离，即使是一句简单的"早安"或"您好"，一旦说出了口，双方都会有亲切、友好的感觉。

生活中有很多人不重视打招呼，觉得经常见面的人用不着每次看见都打招呼；而对于不太熟悉的人，又觉得打招呼怕对方认不出自己来会造成尴尬；还有些人不愿意先向别人打招呼，他们总是在心里想："我为什么要先向他打招呼？"其实，我们完全可以通过打招呼让自己更加吸引人。

打招呼是给对方留下好印象的第一步。打招呼其实是想向对方传递一种信息。这是使双方增进了解的非常重要的行为。这不仅是接触的第一步，也是所有人际关系的起点。

人是很容易被感动的，有时候，一个热情的问候，就可以融化冰山。所以说，打招呼是人际交往中的润滑剂，它能有效拉近双方的距离。

打招呼不仅仅是你呼我应的一种礼仪，更重要的是，它是爱的桥梁、纽带，架起人与人之间的尊重、平等，传递着亲人般的爱。

在称呼上下功夫，一开口就吸引对方

称呼是指人们在正常交往应酬中，彼此之间所采用的称谓语，在日常生活中，称呼应当亲切、准确、合乎常规。正确恰当的称呼，不仅体现了对对方的尊敬，同时也反映了自身的文化素质。

俗语说："良言一句三冬暖。"得体的称呼就像一份见面礼，给对方带来心理上的满足，使沟通更加顺畅。如果称呼不得体，往往就会引起对方的不快，甚至使双方陷入尴尬，造成交往障碍或中断。

有个小伙子叫刘洋，热情开朗，乐于助人，人品很不错。然而，刘洋的人缘却很不好，一提起他，周围的人就直皱眉头，原因是这小子太不知天高地厚了。

单位里的刘某已经37岁了，但还是一个小科员，刘洋见了他张口闭口地叫"哥们儿"。有一次刘某提醒他说："我比你大十几岁吧，再怎么你也应该叫我一声'刘哥'！"可刘洋却皮笑肉不笑地说："得了！咱们都姓刘，又平级，我叫你'哥们儿'里面不也有个'哥'字吗？"刘某气得掉头就走。

有位女同事比刘洋大三岁，刚结婚一年多，刘洋特喜欢跟人家开玩笑，那个同事姓林，他就叫人家"林妹妹"，虽然女同事抗议了几次，但他却置若罔闻。有一天，刘洋逛街时遇到了女同事和她的丈夫，他走上去一拍同事肩膀就问："林妹妹，这位是谁啊？"女同事丈夫的脸色当时就变了。回家以后夫妻俩大吵了一架，丈夫指责妻子太随便，竟然让一个比自己还年轻的人叫那么肉麻的称呼。从那以后，女同事见到刘洋眼里就冒火。其他的同事也都对刘洋乱称呼的做法非常反感，他们建立了"攻守同盟"，故意冷落刘洋，和刘洋作对。没几个月，刘洋就辞职了。

刘洋之所以人缘这么差，就是由于他不注意对别人的称呼。由此可见，称呼是否得体在一定程度上决定了人们交往活动的成败。心理学家认为：得体的称呼能使人身心愉悦，增强自信，有助于形成亲密和谐的人际关系。而良好的人际关系能使人精神振奋、效率加倍。而且，得体的称呼也能缩短人和人之间的距离。所以，在人际交往中，我们要学会正确称呼他人。

1. 选择正确的称呼方式

（1）根据对方的年龄特征称呼

称呼长者，一般都用尊称，例如"老爷爷"、"老奶奶"、"大叔"、"大娘"等。

（2）根据对方的职业特征称呼

称呼工人、司机、厨师等用"师傅"，称呼教师为"老师"，称呼医生为"大夫"。

（3）根据对方的身份特征称呼

有时候因为年龄问题，别人可能不愿意接受你的称呼，最好的办法就是名字加称呼。例如"李处长"、"刘局长"。

（4）根据你和别人的亲疏关系称呼

在与多人同时打招呼时，要注意亲疏远近和主次关系。一般来说先长后幼、先上后下、先女后男、先疏后亲为宜。

（5）根据对方的语言习惯

在一些地方称呼尼姑为"小师父"，假如你叫当地一个女孩为"小师父"她肯定会跟你发火。

2．称呼的禁忌

我们在使用称呼时，一定要避免下面几种失敬的做法。

（1）错误的称呼

常见的错误称呼无非就是误读或是误会。

误读也就是念错姓名。为了避免这种情况的发生，对于不认识的字，事先要有所准备。如果是临时遇到，就要谦虚请教。

误会，主要是对被称呼人的年纪、辈分、婚否以及与其他人的关系做出了错误判断。比如，将未婚女性称为"夫人"，就属于误会。

（2）使用不通行的称呼

有些称呼，具有一定的地域性，比如山东人喜欢称呼好友为"伙计"，但南方人会认为"伙计"是"打工仔"。中国人经常把配偶称为"爱人"，然而在外国人的意识里，"爱人"是"第三者"的意思。

（3）使用不当的称呼

工人可以称呼为"师傅"，道士、和尚、尼姑可以称为"出家人"。但如果用这些来称呼其他人，就会让人感觉很不舒服。

（4）使用庸俗的称呼

有些称呼不适合在正式场合使用。例如，"兄弟"、"哥们儿"等一类的称呼，虽然听起来亲切，但显得品位不高。

（5）称呼外号

对于关系一般的，不要自作主张给对方起外号，更不能用道听途说来的外号去称呼对方。也不能随便拿别人的姓名乱开玩笑。

总之，称呼他人是一门学问，若称呼得不妥当则很容易让他人反感，甚至嫉恨在心，久久无法释怀。一个热情、友好而得体的称呼，似妙言入耳，如春风拂面，使对方顿生亲切、温馨之感。

说好开场白，让对方感到相见恨晚

俗话说："万事开头难。"和陌生人交往时，说好开场白也是一件不简单的事情。

如何开始第一句话，给别人留下良好的印象，以便让对方瞬间接受你，是人际交往中最有含金量的一门学问。只有在对方接受了你的第一句话的情况下，你才能有机会说下面的话。

一句非同凡响的开场白是非常重要的，它能给对方留下深刻的第一印象，为最终取得良好的沟通效果打下基础。相反，如果你与人初次见面，一开始说得不好，可能就会给对方留下一个坏印象，从而打消与你继续交谈的念头。

在人际交往中，两个萍水相逢的人，要想在短暂的时间内达到心灵上的共鸣，说好第一句话至关重要。

说好第一句话的关键是给人以温暖、友善、贴心的感觉，消除彼此间的陌生感。常见的方式有以下几种。

（1）攀认式

一般来说，对一个素不相识的人，只要事前做一番认真的调查研究，你都可以找到或明或隐或远或近的亲疏关系。如果你在见面时及时拉上这层关系，就能一下缩短彼此间距离，使对方产生亲切感。

王峥要去谈生意，内心很忐忑，因为对方公司报的价格太低，而对方老总又是出了名的"铁公鸡"，一毛不拔。刚进对方公司，王峥就听前台服务人员说对方老总是个出了名的篮球迷，追星的程度不亚于年轻的追星族。等到见了对方的老总，对方还没有说话，王峥就拱了拱手，说道："大师兄好！"对方听得云里雾里，很诧异地问道："怎么我就成了你的大师兄了呢？" 王峥不慌不忙地说："谁人不知道您是乔丹迷，而我呢，正好是科比迷，我们都是NBA球星迷，乔丹又是科比的前辈，叫您一声大师兄自然是应该的。"

在上面的事例中，王峥巧妙地找到了两个人的共同点，将原本两个陌生人用"篮球迷"这个纽带连成了师兄弟的关系，缩短了与对方之间的距离。其实，任何两个人，只要彼此留意，就不难发现双方有着这样或那样的"亲友"关系。

（2）敬慕式

对人尊重、敬慕会引起对方的好感，对初次见面者表示敬重、仰慕，这是热情有礼的表现。用这种方式必须注意掌握分寸，恰到好处，不能乱吹捧，不要说"久闻大名、如雷贯耳"一类的过头话。表示敬慕的内容应因人、因时、因地而异，应恰到好处，让听者感到自然。例如，"您的作品我非常喜欢，每一本著作我都买来收藏，受益匪浅。今天能在这里见识到您的风采，真是万分荣幸！""今天是国庆节，在这个特殊的日子里，能够有幸采访您这位开国元勋，我感到很荣幸。""以前只在电视和杂志上见到过您的美貌，今天能目睹您的芳容，真是明白了何为倾国倾城啊！"

（3）问候式

真诚的问候给人一种亲切、友善的感觉。问候是生活中不可或缺的因素，好的问候能快速拉近陌生人之间的距离。"您好"是向对方问候致意的常用语，如能因对象、时间的不同而使用不同的问候语，效果则更好。对德高望重的长者，宜说"您老人家好"，以示敬意；对年龄跟自己相仿者，说"老×（姓），你好"，显得亲切；对方是医生、教师，说"李医生，您好"、"王老师，您好"，有尊重意味；节日期间，说"节日好"、"新年好"，给人以祝贺节日之感；早晨说"您早"、"早上好"则比"您好"更得体。

（4）创意式

客户的心犹如一扇暂未打开的门，在那门上有着一把重重的大锁。业务员如能引起客户的兴趣，心门就容易打开；业务员如落入俗套，心门随之就会锁得更紧。

销售人员："中午好，和总，现在方便吗？"

客户："方便，哪位？"

销售人员："我是'东方人才'的小张，有件事情想和您说，又怕您怪我，不过我还是鼓起勇气，给您打了这个电话。"

客户："什么事情？"

销售人员："和总，昨天我偷了您的一件东西。"

客户："嗯？你偷了我什么东西？"

销售人员："我偷走了您的智慧。"

客户："是吗？我们之前又没有见过，你怎么会偷走我的智慧？"

销售人员："昨天我在报纸上面看到对您的专访，您说了您之所以成功的三大秘诀，真是听君一席话，胜读十年书，我起码可以少走五年的弯路。"

客户："谢谢，小女孩还挺会说话的。过奖了。"

销售人员："不过在您说的三点中，有一点我前思后想，都想不明白，我可以再请教您一下吗？"

（自己的崇拜者不了解自己的伟大思想，作为偶像怎么样也要尽力帮忙。）

客户："哪一点不明白？"

销售人员："您说成功的关键在于组建一个优秀的团队……"

（进入下一销售阶段。）

看来，那些顶尖的业务员都有自己独特的开场白。

总而言之，初次见面的第一句话是打开对方心扉的敲门砖，也是使人对你一见如故的秘诀。

第三章　言语及心，一开口就让对方喜欢你

说话真诚，直入人心

曾经打败过拿破仑的库图佐夫，在给叶卡捷琳娜公主的信中说："您问我靠什么魅力凝聚着社交界如云的朋友，我的回答是'真实、真情和真诚'。"的确，只有用一颗真诚的心与人交往，才能换来彼此的心灵相通，驱除人为的隔阂，坦诚以待。真诚是一笔宝贵的财富，拥有这笔财富的人将是这个世界上活得最自在的人，同样，语言魅力也源于真诚。

说话之道固然很重要，但真诚也同样不能被忽视。孔夫子曾经说过："巧言令色，鲜矣仁。"如果一个人长于辞令，可是表现得却过于油嘴滑舌，那么即使他说得再好也不会受到别人的重视，因为在旁人眼中，这个能说会道的人没一句真话，不值得信赖。所以说，要想在语言上征服别人，首先必须要让别人对自己的话充分信任，如果做不到这一点的话，你就是说得天花乱坠，也不会有丝毫效果。

心理学家认为：人与人之间存在"互酬互动效应"，即你如果真诚对

别人，别人也会以同样的方式给予回报。人与人交谈，贵在真诚。有诗云："功成理定何神速，速在推心置人腹。"只要你与人交流时能让人触碰到一颗恳切至诚的心，一颗火热滚烫的心，就能赢得别人的信任。

有位教员写了一本"思想政治工作方法"的书，出版社让他推销1000册。对他来说，这比讲课要难得多。为了把书推销出去，他在学员中搞了一次演讲，他说："当老师的在这里推销自己写的书，不免有些尴尬。不过，如今作者也很难，写了书，还得卖书。出版社一下压给我1000册，稿费一文没有，所以我不推销不行。这本书写得怎样，我自己不好评说。不过有两点可以保证：第一，这本书是我用三年时间完成的，是我心血的结晶；第二，书的内容绝不是东拼西凑抄下来的，是我自己长期思考的见解。前不久，这本书还获得了思想政治工作研究会评选的社科类图书二等奖，这是获奖证书。说实话，对于我们这些教书匠来说，搞推销比写书还难，今天硬着头皮来找大家帮忙。不过，买不买完全自愿，绝不强迫。如果觉得这本书对你有用，你又有财力就买一本，算是帮我一个忙。谢谢。"他的这次演讲产生了良好效果，一次就卖掉了300多本书。

这位教员不是专职推销员，但是他却获得了成功。从某种意义上说，他的成功就在于他恰到好处地表达了自己的真诚，赢得了听众的信赖。这再一次说明，在讲话中表达真诚要比单纯追求流畅和精彩更重要。

说话的魅力并不在于你说得多么流畅，滔滔不绝，而在于你是否善于表达真诚。最能推销产品的人并不是口若悬河的人，而是善于表达真诚的人。

当你用得体的话语表达出真诚时，你就赢得了对方的信任，就建立起了值得信赖的人际关系，对方也就可能由信赖你这个人而喜欢你说的话。

20世纪初，科罗拉多州爆发了美国工业史上最有名的一次工人大罢工。科罗拉多煤铁公司的工人为了改善待遇举行了罢工，但是因为有关部门处置不善，罢工最终演变成了流血的惨剧，工人和工厂方面矛盾激化。

那时候，管理矿务的人是美国石油大王洛克菲勒的儿子。他最初使用了高压手段，请出军队对罢工人群进行镇压，但是没有收到很好的效果，双方矛盾越来越大。后来，由于认识到这样做无益于事，小洛克菲勒改变了策略，开始采用温和的手段来解决矛盾。他把罢工的事情放到一边，到各个工人家里去慰问，使双方的矛盾慢慢地缓和了。后来，他召集罢工运动的代表们参加谈判会议，在会议上他说了一段十分打动人的话，正是这段话结束了长达两年之久的罢工运动。下面就是他说话的内容：

"对我来说，今天是最值得纪念的日子。我十分荣幸能与各位代表相识。如果时间倒回两个星期，那么我在这里面对的完全是一群陌生人，因为那时候，我对诸位的认识并不多。后来，我有机会去了南煤区的各个帐篷，和代表们也有过一次私人的谈话。我了解了诸位的家庭，会见了你们的家人。诸位对我十分客气，好像把我当成了朋友一样。所以，在这里，我不妨将诸位都当作朋友。现在，我们本着朋友之间的友谊，来共同讨论我们的公共利益，我想这是诸位都乐意做的。参加这次会议的是工厂和职工的代表，正是因为这次会议，我才有幸跟诸位成为朋友，有幸站在这里跟诸位一起为解决矛盾而努力。对于这些，我是终生不会忘记的。从今天开始，我们的前途将一片光明。对我个人而言，今天我虽然代表着工厂的董事会，可是，我和诸位却是站在一边的。因为我觉得，我和诸位是有着密切的联系和友谊的。我希望就我们共同关心的话题展开讨论。让我们从长计议，想出一个令大家都满意的解决办法，因为，这是对大家都有益的事情。"

小洛克菲勒的说话谈不上很有文采，但是却透出一种真诚的味道。他让代表们明白，他确实是在为他们的利益考虑。所以，工人们才被他打动了。小洛克菲勒的讲话，正是因为始终围绕着工人的利益，从工人的立场出发，才让对方觉得不仅一点都不空泛，而且还确实很有道理。

说话真诚的人，能得到别人的信任。把你的真诚注入日常交流之中，把自己的心意传递给对方，当听者感受到你的诚意时，他才会打开心门，接收你讲的内容，彼此之间才能实现沟通和共鸣。

美国第十六任总统林肯曾经说过一句名言："你可以在所有的时候欺骗某些人，也可以在某些时候欺骗所有人，但你不可能在所有的时候欺骗所有的人。"这就是说，我们在与人交往的时候一定要真诚，如果说话只注重语言上的华丽而缺乏真情实感，那么，即使我们能暂时欺骗别人的耳朵，也永远无法欺骗别人的内心。所以说，我们要想打动对方，就必须先问问自己：我的心是真诚的吗？

善于谈对方感兴趣的事

如果你想说话打动人心，就要去了解对方的兴趣所在。著名口才大师卡耐基说："虽然你喜欢吃香蕉、三明治，但是你不能用这些东西去钓鱼，因为鱼并不喜欢它们。要想钓到鱼，必须下鱼饵才行。"聪明的人在与他人说话的时候，懂得迎合别人的嗜好。这样能让对方感觉到受重视、受尊重。

宋小姐是一家房地产公司总裁的公关助理，奉命聘请一位著名的园林设计师为本公司的一个大型园林项目做设计顾问。但这位设计师已退休在家多年，且此人性情清高孤傲，一般人很难请得动他。

为了博得老设计师的欢心，宋小姐事先做了一番调查，她了解到老设计师平时喜欢作画，便花了几天时间读了几本中国美术方面的书籍。她来到老设计师家中，刚开始，老设计师对她态度很冷淡，宋小姐就装作不经意地发现了老设计师的画案上放着一幅刚画完的国画，便边欣赏边赞叹道："老先生的这幅丹青，景象新奇，意境宏深，真是好画啊！"一番话使老先生升腾起愉悦感和自豪感。

接着，宋小姐又说："老先生，您是学清代山水名家石涛的风格吧？"这样，就进一步激发了老设计师的谈话兴趣。果然，他的态度转变了，话也多了起来。接着，宋小姐对所谈话题着意挖掘，环环相扣，使两人的感情越来越深。终于，宋小姐说服了老设计师，出任公司的设计顾问。

由此可见，谈论别人感兴趣的话题，不仅可以把两个人的情感紧紧地连在一起，而且还可以打破僵局，缩短交往距离。

在与人交谈的时候，聪明的人会找对方感兴趣的事或物交谈，使谈话的气氛友好而和谐，而愚蠢的人则会对自己感兴趣的事情或自己的爱好大肆吹嘘，使对方感觉谈话乏味无聊，当然不同的谈话形式带来的结果也不相同。

拜访过罗斯福的人，都会惊叹他的博学。不论你是什么职业、什么阶层的人，他都能针对你的特长侃侃而谈。其实，当罗斯福知道访客的特殊兴趣后，他会预先研读这方面的资料以作为话题。因为罗斯福知道，打动人心的最佳方法就是谈论对方所感兴趣的事情。

古人说："话不投机半句多。"只要抓住了对方的兴趣，谈论对方感兴趣的话题，不仅不会"半句多"，而且还会千句万句也嫌少，两人因此会越谈越投机，越谈越相好。美国教育家杜威先生曾说："我仔细研究过有关人际关系的丛书，发现必须改变策略，于是，我决定去找出这个人的兴趣，然后想办法激起他的热忱。"所以，你如果希望别人喜欢你，就要抓住其中的诀窍：了解对方的兴趣，针对他所喜欢的话题与他聊天。

简小姐刚刚成立了一家公司，她现在急需一些在企业发展领导的资料。她只知道有一家工业公司的董事长拥有她需要的资料。简小姐便去拜访这位董事长。当她走进办公室时，一位女秘书从另一扇门中探出头来对董事长说："今天没有什么邮票。""我替儿子收集邮票。"董事长对简小姐解释道。那次谈话没有结果，董事长不愿意提供任何资料。简小姐回来后感到十分沮丧。然而幸运的是，她记住了那位女秘书和董事长所说的话。第二天，她又去了。她让人传话进去说，她要送给董事长的儿子一些邮票。董事长高兴极了，用简小姐的原话说："即使竞选国会委员也没有这样的热诚。他紧握我的手，满脸笑容。'噢，乔治一定喜欢这张。瞧这张，乔治准把它当作无价之宝。'董事长一边赞叹，一边抚弄着那些邮票。整整一个小时，我们都在谈论着邮票。奇迹出现了，没等我提醒他，他就把我需要的资料全都给了我。不仅如此，他还打电话找人来把一些事实、数据、报告、信件全部提供给了我。出门我便想起一句一个新闻记者常说的话：此行大有收获！"

简小姐满载而归。她并没有发现什么新的真理，她只是记住了著名的罗马诗人西拉斯所说过的一句话："你对别人感兴趣的时候就是别人对你感兴趣的时候。"

谈论对方感兴趣的事或物，是在无形中给对方的一个赞美和肯定，这会让对方对你产生好感，从而拉近彼此之间的距离。

每个人都有自己感兴趣的事物或话题，所以，聪明的人总会找到他人的兴趣点，积极主动地为他人送上"一顿兴趣大餐"，这样做比漫无目的地乱说强一百倍。

寒暄客套，联络彼此的感情

在人际交往中，寒暄客套是联络感情的手段、沟通心灵的方式和增进友谊的纽带。见面寒暄几句，虽说是一般的生活常识，然而却不容忽视。在社交活动中，寒暄能使不相识的人相互认识，使不熟悉的人相互熟悉，使沉闷的气氛变得活跃。尤其是初次见面，几句得体的寒暄语，会使气氛变得融洽，会使两个人相见恨晚，这有利于顺畅地进入正式交谈。

乔·吉拉德是美国汽车销售界的传奇人物，被称为"汽车销售大王"，他没有三头六臂，也没有强硬的后台支持，他的秘诀就是主动打招呼，让你觉得他和你很熟悉，就像昨天刚刚一起喝过咖啡，聊过天似的。

"哎呀，老兄，好久不见，你躲到哪里去了？"假如你曾经和乔·吉拉德见过面，你一进入他的展区，就会看到他那迷人的、和蔼的笑容，他朝你热情地打着招呼，呼喊着你的名字，似乎你昨天刚刚来过，完全不介意你们好几个月没见面了。

他这样亲切，让本来只是想随便看看车子的你产生了一点局促不安，"我只是随便转转，随便转转。"

"来看望我必须要买车吗？天啊，那我不就成了孤家寡人了？不管怎么样，能够见到你，我感到很高兴！"

　　吉拉德几句话就让你的尴尬和局促消失得无影无踪，也许你会跟他到办公室坐坐，聊一会儿天，喝几杯茶，爽朗而不放肆地大笑一气。当你起身告别的时候，你的心里会产生一种恋恋不舍的感觉，这个时候，你的购买欲望会变得更加强烈，原本的购置计划也许会提前落实。

　　对于陌生的顾客，吉拉德也有自己的一套办法。

　　一天，一个建筑工人来到了他的展位，吉拉德与他打完招呼，并没有着急介绍自己的商品，而是和工人谈起了建筑工作，吉拉德一连问了好几个关于施工队的问题，每个问题都围绕着这位建筑工人，比如"您在工地上做什么具体工作"、"你是否参与过附近哪片小区的建造"等，几个问题下来，他和这位建筑工人成了无话不谈的好朋友，建筑工人不但非常信赖地把挑选汽车的任务交给了他，而且还介绍他和自己的同事们认识，使吉拉德获得了更多的商机。

　　由此可见，初次见面寒暄几句，不仅可以在人际交往中打破僵局，缩短人与人之间距离，传达出自己对交谈对象的敬意或者表示出乐意与对方结交之意，还可以为你的事业带来帮助。

　　初次见面寒暄几句，是给对方带去好印象的第一步。寒暄其实是想向对方传递一种信息。这不仅是接触的第一步，也是所有人际关系的起点。

　　寒暄虽然是人们相会时的见面语，但也是交谈者之间一座友谊的桥梁。寒暄并不是几句废话，它是交谈的导语，具有抛砖引玉的作用，是人际交往中不可缺少的重要一环。

有些人可能会有这样的经历，在与人初次见面时，由于彼此都不太了解，往往容易陷入无话可说的尴尬场面。此时，你不妨以一些寒暄语作为打招呼的开头。

跟初次见面的人打招呼，最标准的说法是"您好"、"很高兴能认识你"、"见到您非常荣幸"等。比较文雅一些的话，可以说"久仰"或者"幸会"。要想随便一些，也可以说"早听说过您的大名"、"某某人经常跟我谈起您"，或是"我早就拜读过您的大作"、"我听过您作的报告"等。跟熟人打招呼，用语则不妨显得亲切一些，具体一些。可以说"最近忙些什么呢"，也可以讲"您气色不错"等。虽然这些打招呼的话大部分并不重要，但它能使谈话的双方迅速摆脱尴尬的沉默。在打招呼时，你的语气要轻松柔和、充满感情，让对方彻底放松，这样才能让对方很顺利地接受你。

同陌生人交谈的最大困难就在于不了解对方，因此首先要尽快熟悉对方，消除陌生感。你可以先行自我介绍，再去请教他的姓名及职业，再试探性地引出彼此都感兴趣的话题。如果在还未提及自己的情况下就开口先问对方，对方可能并不愿意回答。一般情况下，你主动提及了自己某方面的情况，对方多半也会乐意在这些方面谈他的情况。

同陌生人交谈，要善于寻找话题。有人说："交谈中要学会没话找话的本领。"所谓"找话"就是"找话题"。写文章，有了个好题目后，往往会文思泉涌，一挥而就；交谈，有了个好话题后，就能使谈话融洽自如。那么如何找到话题呢？

1. 留心观察

一个人的心理状态、精神追求、生活爱好等都或多或少地要在他们的表情、服饰、谈吐、举止等方面有所表现，只要你善于观察，就会发现你们的共同点。例如，他和你一样都穿了一双耐克气垫运动鞋，你可以以耐克鞋为话题开始你们的谈话。

2. 以话试探

两个陌生人相对无言，为了打破沉默的局面，你可以先开口讲话，可以采用自言自语的方式，例如，"天太冷了"，对方听到这句话便可能会主动回答将谈话进行下去。还可以以动作开场，随手帮对方做点事，如推下行李箱等；也可以通过对方口音特点，打开开口交际的局面，例如，听出对方的东北口音，说"东北人吧"。以此话题便可展开。

3. 以对方为话题

人们往往会千方百计地使别人注意自己，但大部分的"成绩"都令人失望，因为他不会关心你、我，他只会关心他自己。因此，以对方作为谈话的开端，往往能令他人产生好感。赞美陌生人一句"你的衣服搭配得真好"、"你的发型很新潮"等，能使他感到快乐从而缓和彼此的生疏。也许，我们大多数人都没有说这话的勇气，不过我们可以说："您看的那本书正是我最喜欢的"或是"我看见您走过那家便利店，我想……"

引起他人共鸣，讲话富有感染力

有这样一个故事：

一位衣衫褴褛的老盲人，在繁华的巴黎街头乞讨，身旁写了一块牌子：我什么也看不见。过往的人很多，但没有人注意到他。中午，法国著名诗人让·彼浩勒经过这里时，见到牌子上的字，问老盲人："老人家，有人给你钱吗？"老人茫然地摇摇头，脸上的神情十分悲伤。让·彼浩勒听了，悄悄地在那行字的前面加上了"春天来了，可是——"就匆匆离去了。傍晚，诗人又来到这里，问老盲人下午的情况，老盲人笑着回答说："先生，不知为什么，下午给我钱的人多极了！"让·彼浩勒听了以后，摸着胡子满意地离开了。

同样的意思用不同的话来说，效果就不同。同样的话，从不同人的嘴里说出来，所达到的效果也不同；同一个人，由于环境不同，即便说的是同样的话，含义也会发生很大的变化。这就是语言的妙处。会说话的人总是善于掌握这种语言的技巧，因此，他们一开口就显得不同凡响。

一家工厂面向社会招聘厂长，其中一位四十多岁的女士获得了大家的一致好评，最后胜出。让我们看看她在应聘过程中的表现：

问："你是个外行，靠什么治厂，怎样调动大家的积极性？"

答："论管理企业我并不认为自己是外行，何况我们厂还有那么多懂管理的干部和技术高超的老工人，有许多朝气蓬勃、勇于上进的年轻人。我上任后，把老师傅请回来，把年轻人的工作、学习和生活安排好，让每个人都干得有劲、玩得舒畅，把工厂当成自己的家。"

问："咱们厂不景气，去年一年没发奖金，我要求调走，你上任后能放我走吗？"

答："你要求调走，是因为工厂办得不好，如果把工厂办好了，我相信你就不走了。如果你选我当厂长，我先请你留下看半年工厂有无起色再说。"

话音刚落，全场立即掌声四起。

问："现在正议论机构和人员精简，你来了以后要减多少人？"

答："调整干部结构是大势所趋，现在科室的干部显得人多，原因是事少，如果事情多了，人手就不够了。我来以后，第一目的不是减人，而是扩大业务、发展事业……"

问："我是一名女工，现在怀孕七个多月了，还让我在车间里站着干活，你说这合理吗？"

答："我也是女人，也怀孕生过孩子，知道哪个合理，哪个不合理，合理的要坚持，不合理的一定改正。"

女工们立即活跃了起来。有的激动地说："我们大多是女工，真需要一位体贴、关心我们疾苦的厂长啊！"

善于发表饱含理性、充满激情、富有感染力的讲话，是一个懂得说话之道的人的重要标志，也是其个人魅力的重要体现。美国著名演讲大师卡耐基曾经说："假如一个演讲者用坚信的语气，诚恳地诉说，那他就不可能失败，无论他讲的是政治还是经济政策，或者自己的旅行感触，只要他确实有将心中所想告知于你的冲动，那么他的演讲就会有强大的感染力，足以打动你的心。"

无论是日常说话还是在公开场合发表讲话，只有提升讲话的感染力，使讲话简明扼要、通俗易懂、新鲜活泼、生动形象又富有变化，才能激起听众的兴趣，才能赢得听众的赞许，从而增强讲话的效果。否则，不但吸引不了群众，反而会使大家产生反感。所以，我们要不断提高自己的表达能力，一般应在以下几个方面加强锻炼。

1.发音标准，吐词清晰

清晰的表达能够让他人听清楚你说的是什么，这是说话的一项最基本的要求。发音一定要标准，吐字一定要清晰。语言表达是否清晰，普通话的流利和标准与否，都会直接影响讲话的感染力。

2.掌握节奏，语速适中

讲话的语速也会影响声音的感染力。如果说话的语速太快，别人可能还没有听明白，你就已经说完。反之，如果你说得太慢，就会让别人失去了倾听的耐性。因此，最恰当的做法应该是根据具体情况，来调节自己的语言节奏，以做到恰到好处的停顿，从而取得良好的效果。

3.思维敏捷，语言流畅

讲话还要注意语言的流畅性。语言是思维的外在表现，一个说话很流畅的人，通常被人认为是个思维敏捷的人，或者可以反过来说，正因为他的思维敏捷所以他才能如此流畅。而且，语言流畅也可以很好地增加自己的自信心，同时也能获得别人的好感与信任，让人相信你的能力。

4. 情理交融，声情并茂

讲话时，要把声调、表情及所要表达的内容配合起来。例如，在讲到爱护集体利益的行为事例时，以高兴的感情，使用称赞、欣赏的词句，就会使大家在认识到这种行为能给集体带来好处的同时，产生一种荣誉感；在讲到不守纪律的行为事例时，以厌恶的感情，使用指斥、责备的词句，就会使大家痛斥这种行为。这样就会有感染力、号召力，使听者有鲜明的情感倾向，甚至会起到鼓舞听众的作用。

说话多用"我们"一词，拉近彼此的距离

在人际交往中，也许你会发现，那些社交经验丰富的人们一般很少直接跟你说"我怎么着怎么着"，都是说"我们怎么怎么样"。这样虽然有拉关系、套近乎的嫌疑，但是，这招很有效，简直可以称得上是人际交往的助推剂。

亨利·福特二世描述令人厌烦的行为时说："一个满嘴'我'的人，一个独占'我'字，随时随地说'我'的人，是一个不受欢迎的人。"的确如此，在人际交往中，"我"字讲得太多并过分强调，会给人突出自我、标榜自我的印象，这会在对方与你之间筑起一道防线，形成障碍，影响别人对

你的认同。而"我们"这个词却可以制造出彼此间的共同意识，拉近双方的距离。

曾经有一位心理学家做了一项有名的实验，就是选编了三个小团体，并且分派三人饰演专制型、放任型、民主型的三位领导人，然后对这三个团体进行意识调查。

结果，民主型领导人所带领的团体表现了最强烈的同伴意识。而其中最有趣的就是这个团体中的成员大都使用"我们"一词来说话。

经常演讲的人，大概都有这样的经验，就是演讲者说"我们是否应该这样"比"我这么想"更能拉近与听众的距离。因为用"我们"这个字眼，也就是要表现"你也参与其中"的意思，所以会令对方心中产生一种参与意识，按照心理学的说法，这种效果被称为"卷入效果"。

"我"和"我们"从字面来看只有一字之差，但在沟通过程中所达到的效果却截然不同，这主要在于听者的感受。"我们"表明说话的人很关注对方，站在双方共有的立场上看问题，把焦点放在对方，而不是时时以自我为中心。

有个工厂的厂长，在上级领导来工厂检查工作开座谈会的时候，他认认真真地汇报了工厂的宏伟规划和目前存在的困难。他说："我今年的产值一定要超过×万元，我的利润一定要达到×万元……但我的困难很多…我……我……我……"汇报时，他的副手、中层骨干和工人都在场。

汇报以后，上级领导征求大家的意见，没有一个人作声。等了好久，一个工人说了这样两句话："我们没意见。领导怎么说我们就怎么干。"这使所有在场的人都感到十分尴尬。

这位工人之所以对厂长使用"领导"这个多年没有听到过的、刺耳的称呼，是因为厂长把工厂、集体所做的成就都称为"我的"。对厂长这个常挂在嘴边的"我"字，工人们早已很反感。

人际沟通中，如果一个人总是提到"我如何如何"，那么必然会引起他人的反感。如果改变一下，把"我"改为"我们"，就可以巧妙拉近双方的距离，使对方更容易接受你和你的观点。经常使用"大家"、"我们"等这类字眼，会使人感觉到大家均是同路人，是生命共同体。因此通过"我们"来制造彼此间的共同意识，对促进人际关系将会有很大的帮助。

事实上，一个善于沟通的人，在语言传播中，总会避开"我"字，而用"我们"开头。那么如何培养自己多用"我们"的说话习惯呢？

首先，尽量少用"我"字或尽量省略主语。比如："我对我们公司的员工做了一次调查统计，（我）发现有四成的员工对公司有不满情绪，（我认为）这些不满情绪来自于奖金的分配不公，（我建议）是不是可以……"第一句用了"我"，便让主语十分明确，那么后面几句中的"我"不妨通通省去。如此一来，句子的意思表达丝毫不受影响，而且能让语句显得很简洁，避免了不必要的重复，同时还使得"我"字不至于太过突出。

其次，提及"我"字时，要用平稳和缓的语调以及自然谦和的表情动作来表达。例如，"我"不要读成重音，也不要拖长语音，目光不要咄咄逼人，表情不要眉飞色舞，神态不要扬扬得意，语气也不要过分渲染。要把表达重点放在事件的客观叙述上，而不要突出做这件事的是"我"，更不要使听者感觉你高人一等，或者你是在吹嘘自己。

最后，用"我们"一词代替"我"。以复数的第一人称代替单数的第一人称，可以缩短双方的心理距离，促进彼此的情感交流。例如，"我建议，今天下午……"可以改成"今天下午，我们……好吗"。

试着这样去做，不久你就会领略"我们"这个词的奇特魅力了。

第四章　从心说服，让对方心甘情愿听你的话

说服对方，请将不如激将

人是感情动物，如果你能用富有刺激性的语言来激发对方的某种情感，让对方的情绪发生冲动，他就会在情绪失控的情况下去做某种你期望他去做的事。

史密斯在担任美国纽约州州长的时候，当时的一个监狱管理混乱，臭名昭著，那里缺少一名看守长，急需一名铁腕人物去管理监狱。一番选择后，史密斯觉得劳斯是最合适的人选，便对他说："去监狱做看守长如何？"

劳斯大吃一惊，他知道这是苦差事，谁都不愿意去，他考虑着这个险值不值得冒。史密斯见他犹豫不决，便说道："害怕了？年轻人，我不怪你，这么重要的岗位，需要一个重量级人物才能挑得起这副担子。"

劳斯被史密斯一激，偏要做给史密斯看看，劳斯欣然接受了这项任务。他上任后，对监狱进行大胆改革，尽力做好罪犯的帮教转化工作，几年后，他成了美国最具有影响力的看守长。

俗话说："树怕剥皮，人怕激气。"当人的某种情感受到了强烈的刺激时，往往会引起人的激情爆发。在说服他人的过程中，基于人们的这一心理特点，我们可以利用一些略带贬损之意或不太公正的话来刺激对方，让对方的情绪受到震撼，以达到激将的目的，进而说服对方改变原来的立场和态度。

在美国某商店，一对夫妇对一套晚礼服很感兴趣，但嫌价格太贵，便犹豫不决，店员见此情形，便对他们说："有位总统夫人也对这套晚礼服爱不释手，只因为贵没买。"这对夫妇听了这话，马上掏出钱来，买下了这套晚礼服，而且还非常得意。

俗话说："劝将不如激将。"如果那位店员从正面开导劝说，那对夫妇未必能下决心买。而反面的刺激，倒促使他们下了决心。因为人都有自尊心和荣誉感，这对夫妇也不例外，当他们听说某总统夫人也喜欢这套晚礼服，但因为太贵没买时，强烈的自尊心、争强心被激发了出来，于是，店员便达到了目的。

美国黑人富豪约翰逊决定在芝加哥为公司总部兴建一座办公大楼，出入无数家银行，但始终没贷到一笔款。于是他决定先上马后加鞭，设法先将200万美元凑集起来，聘请一位承包商，要他先放手建造，自己再想方设法筹集所需要的其余500万美元。

建筑持续施工到所剩的钱仅够再花一个星期的时候，约翰逊和大都会人寿保险公司的一个主管在纽约市一起吃晚饭。约翰逊拿出经常带在身边的一张蓝图准备摊在餐桌上时，保险公司主管对约翰逊说："这儿我们不便谈，明天到我的办公室来。"

第二天，当约翰逊断定大都会公司很有希望给他抵押借款时，他说："好极了，唯一的问题是今天我就需要得到贷款的承诺。"

"你一定在开玩笑，我们从来没有在一天之内给过对方这样的贷款承诺。"保险公司主管回答。

约翰逊把椅子拉近说："你是这个部门的主管。也许你应该试试看你有无足够的权力把这件事在一天之内办妥。"

主管微笑着说："你这是逼我上梁山，不过。还是让我试一试。"

主管试过以后，本来他说办不到的事儿终于办到了，约翰逊也在钱花光之前几小时回到了芝加哥。

以激将法说服别人，务必要找到并击中对方的要害，迫使对方就范。就这件事儿来说，要害是那位主管对他自己权力的尊严感。

约翰逊在谈话中暗示，他怀疑那位主管是否拥有那么大的权力。主管听了这话，感到自己的威严受到了挑战，所以他才会证明给约翰逊看。

"劝将不如激将"，意在说明在某些特定的环境和条件下，若需激起某人的斗志，与其苦口婆心地正面劝说，不如故意给其刺激和贬低，从而激发其自尊心、自信心，使其获得重新振作的可能。需要注意的是，激将法并不是简单地讽刺或者挖苦对方，而是要"别有用心"地使用刺激性语言来激发对方的斗志和勇气，从而达到激将的目的。

事实证明，激将法是一种很有力的说服技巧，但在使用时要看清楚对象、环境及条件，不能滥用。同时，运用时要掌握分寸，不能过急，也不能过缓。过急，欲速则不达；过缓，对方无动于衷，无法激起对方的自尊心，也就达不到目的。

利用权威效应，让权威替你说话

古人云："人微言轻，人贵言重。"用心理学来解释，就是说如果一个人的身份或地位较低，他说的话就不易引起他人的重视；相反，如果一个人有很高的威望且受人敬重，那么他说的话就容易引起他人的重视。这就是所谓的权威效应。在现实生活中，如果你想劝说他人支持自己的行动与观点时，恰当地利用权威效应，就可以产生"人微言轻，人贵言重"的效果。

航海家麦哲伦正是利用权威效应，说服了西班牙国王并获得了他的大力支持，才完成了环球航行的壮举。

当年，哥伦布航海成功，发现了新大陆。很多人受其影响，打算借着航海的旗号，骗取皇室的信任，从而骗取金钱，这让西班牙国王对所谓的航海家都持怀疑态度。

当时，航海家麦哲伦也想说服国王，让其帮助自己完成环球航行的梦想。但他知道自己一个人是无法完成使命的，于是他请了著名地理学家路易·帕雷伊洛和自己一起去劝说国王。

帕雷伊洛是当时人们公认的地理学界的权威，久负盛名。在他的游说下，国王了解了麦哲伦环球航海的必要性与各种好处，并心悦诚服地支持麦哲伦的航海计划。

在整个说服过程中，权威效应起到了积极的作用，正是因为国王相信权威的地理学家，国王才相信了麦哲伦，才促成了这一举世瞩目的成就。

在实际生活中，我们也可以借助权威的力量，请权威人士为自己代言，或引用权威人士的话作为论据，增强我们的说服力，进而达到说服他人的目的。

王峥是某机电工厂的销售人员。一次，在与一个客户进行商谈的时候，他发现对方是一个心思极为缜密的人，因此在向客户介绍商品的时候讲解得特别详细，在回答客户的咨询时也回答得比较有条理，同时还把客户的意见用小本子记录下来。

此外，王峥还给客户提供了一份商品的市场调查报告，便于客户进一步了解自己商品的真实销售情况。对于这一点，王峥很是自信，因为本公司的商品销量确实很好，在市场上也有一定的名气，这对客户也很有说服力。

但在交谈过程中，王峥发现客户对自己的商品质量还有很大的疑虑。客户一连几次的回应都是"我们考虑一下"或"还要向领导请示一下"等。

这下可把王峥难住了，到底是哪里出了问题呢？无奈之下王峥只好向经理做了汇报，并寻求帮助。

具有丰富实战经验的经理只回答了一句话："两天后，会有一份资料传真给你，你拿给客户。"

王峥收到文件后，按照经理的指示直接送到客户的桌上，客户高层研究后态度大变，爽快签约。

原来，那份资料是王峥公司与客户所在行业中某家龙头企业的合作报告，并附带了该行业内权威专家的评价。客户看到这些极具权威效应的资料后，才消除了疑虑，很放心地做出了购买的决定。毕竟有那么多权威的推荐和认可，自己也没有什么不放心的了。

上述例子中，王峥所在的公司就是巧妙利用权威效应的影响，来赢得客户的认可的。在劝说他人支持自己的行动与观点时，恰当地利用权威效应，不仅可以节省很多精力，还会收到非常好的效果。

权威本身就意味着力量，借用权威的力量可以让别人信服你。在人际交往中，我们可以巧妙地利用权威效应来影响他人，制造一些权威的表象。给自己冠上一些权威的头衔，或者象征某种权威的身份标志，都能让人刮目相看，给他人以心的震撼，让人敬仰、信服，接受你，赞同你，改变自己的态度和行为来屈从于你的暗示和建议，从而达到引导或改变对方的态度和行为的目的。

权威效应是一种可以诱导他人心理的心理暗示，也是一种最常见的说服技巧。在人际交往中，适当利用权威效应，可以使人们更加支持和相信自己的行动和看法，达到引导或改变对方的态度和行为的目的。

让对方说"是"，你就赢了

在交谈中，我们要尽量避免对方说"不"，因为否定的回答会让人们的自尊心受挫，进而固执己见。一旦发生这种情况，你用什么方法可能都说服不了别人。所以，在开始交谈时，应该让对方尽量说"是"，这样，说服就很容易成功了。

有一次，美国西屋电气公司的推销员埃里森去拜访一位老客户，他希望再次推销一批公司的产品。当他来到那家公司时，对方的总工程师史密斯先生却对他说："我们绝不会再买你的电机了。原因是上次买的电机太热，会烫到手。"

埃里森了解到这个情况后，对总工程师说："史密斯先生，你说得很正确，如果电机过热，你当然不能买，就算是买了也应该退货，对吧？"

史密斯听到对方这样的回答，很满意地回答道："是的。"

"按照标准，电机的温度最多只能比室温高32.2度，对吧？"

"是的，可是你的电机已经超过了这个温度。"史密斯说。

"你们车间的温度是多少？"埃里森问他。

"23.9度。"史密斯想了想，然后答道。

"这就对了，"埃里森说，"32.2度加上23.9度等于56.1度。如果你把手放到大约60度的水里，你的手会不会感觉到烫呢？"

"是的。"史密斯点点头说道。

"那么以后就不要把手放在电机上了。"埃里森继续说。

"我想你是对的。"史密斯回答道。

在整个谈话过程中，埃里森没有和客户争辩，他不仅弄清了情况和原因，消除了对方的偏见，还成功地说服了对方继续购买自己的产品。他的策略很简单，那就是尽量让对方说"是"。

说服他人的目的，是让对方同意你的观点，所以你要学会让对方说"是"，而不是让对方说"不"。这样的交谈不仅不会引起争吵，甚至还会拉近双方的距离。

让对方说"是"最有效的方法是把要说的话说对。戴尔·卡耐基曾经说过："人是不可能被说服的，天下只有一种方法可以让任何人去做任何事，那就是让他自己想去做这件事。而让他自己想去做这件事，唯一的方法是让他认为你说的是对的，让他认为他是在遵循对的东西。"

在格林尼治储蓄银行工作的詹姆斯·艾伯森就利用这个方法挽回了一位顾客。

有个年轻人走进来要开个户头，艾伯森先生递给他几份表格让他填写，但他拒绝写有些方面的资料。

"在我没有学习人际关系课程之前，我一定会告诉这个客户，假如他拒绝向银行提供一份完整的个人资料，我们是很难给他开户的。但今天早上，我突然想，最好不要谈及银行需要什么，而是谈一下顾客需要什么。所以我决定一开始就先诱使他回答'是、是的'。于是我先同意他的观点，告诉他那些所拒绝回答的资料其实并不是非写不可的。"艾伯森心里想。

"但是，假定你碰到意外，是不是愿意银行把钱转给你所指定的亲人？"艾伯森说。

"是的，当然愿意。"这位年轻人回答道。

年轻人的态度已经缓和下来，知道这些资料并非仅为银行而留，而是为了他个人的利益。所以，最后他不仅填写了所有资料，而且还在艾伯森的建议下，开了一个信托账户，指定他母亲为法定受益人。当然这位年轻人还回答了所有他母亲的有关资料。

由于一开始就让他说"是、是的。"这样反而使他忘了原本坚持的观点，而高高兴兴地去做艾伯森建议的所有事情。

在说服他人的过程中，若能一开始就让对方说"是的"，这说明这件事已经成功了一半，你若能让对方连续说"是的，你说的对"，那么这件事就有99.9%的成功率。然而遗憾的是，许多人没有做到这一点，让对方说"是"。他们总是顺着自己的思路强调自己的观点，总是口若悬河，滔滔不绝地证明自己的口才，很少有人会考虑到这样做。事实上，在你与他人的交流中，你必须设法让对方说"是"，因为，你们的交流决定着对方对你的决定。"是"的回答意味着对方对你的看法的许可和赞同，意味着同意你的见解或观点，意味着可以与你合作。

让对方说"是"，是一种说话的艺术，如果你学会了这种艺术，你将终身获益。

一语中的，说服要抓住关键点

说服是一门技术，也是一门艺术。说服固然要以正确的思想为前提，但技巧也是极其重要的。在说服的过程中，如果不注意语言的技巧，一味地反复说理，只会引起对方的反感。这时，你不妨先理清思路，找到关键，在说服的过程中用简洁有力的语言向对方陈述你的观点，一语中的地让对方明白你的意思，从而达到成功说服的目的。

《左传》中记载有这样一件事：

晋灵公为了享受，大兴土木，建造几层高台，搞得老百姓怨声载道。不少大臣直言谏阻。晋灵公不但不听，还张弓搭箭，扬言谁再对此事多言就射死谁。许多人都被他给吓住了。这时，大臣苟息走过来，笑着对晋灵公说："我愿为大王表演一个小技艺，把12个棋子堆起来，我还能在上面放9个鸡蛋。"晋灵公一听，觉得很惊奇，就放下弓箭，来看苟息的表演。当看到苟息果真把棋子摆起来，又往上面放鸡蛋时，晋灵公十分紧张，不自禁地连声说："危险！危险！"听了这话，苟息不动声色地说："这还算不了什么，还有比这更危险的呢！"晋灵公听到这话，好奇心更盛，连忙催苟息表演给他看。苟息一见时机成熟，便向晋灵公说道："这九层高台修了三年还没建成，现在地无人耕，布无人织，国库空虚，一旦外敌入侵，国家很快就要灭亡。大王，还有比这更危险的事吗？"这一番话，说得晋灵公恍然大悟，于是下令停止修建高台。

说服他人并不在于你滔滔不绝，说了多少话，而要看你能不能说到点子上，只要一针见血，就能立竿见影，使人口服心服。

俗话说得好："怎么说要比说什么更重要。"我们要学会以一种相对委婉的方式表达出自己的想法，这样对方会有一个心理适应过程，而你也最大限度地避免了碰钉子的可能性。

从前，英国有个倒卖香烟的商人到法国做生意。有一天，他来到巴黎的一个集市的台子上滔滔不绝地大谈抽烟的好处。这个时候，突然从听众中走出来一位老人，连声招呼也不打，就走到台上非要讲一讲不可。那位商人毫无准备，不禁吃了一惊。

老人在台上站定后，便大声说道："女士们，先生们，对于抽烟的好处，除了这位先生讲的以外，还有三大好处哩！我不妨讲给大家听听。"

英国商人一听老人说的这话，转惊为喜，连忙向老人道谢："谢谢您了，老先生。我看您的相貌不凡，说话动听，肯定是位学识渊博的老人，请您把抽烟的三大好处当众讲讲吧！"

老人微微一笑便讲起来："第一，狗见到抽烟的人就害怕，就逃跑。"台下的人很是莫名其妙，商人则暗暗高兴。"第二，小偷不敢到抽烟人家里去偷东西。"台下的人连连称怪，商人则喜形于色。"第三，抽烟者永远年轻。"台下的人一片轰动，商人则满面春风，得意扬扬。

老人接着说："女士们，先生们，请安静，我还没说清楚为啥会有这样三大好处呢！"商人格外高兴地说："老先生，请您快讲呀！""第一，在抽烟的人中驼背的多，狗一看到他们以为他们要拾石头打它哩，它能不害怕吗？"台下的人发出了笑声，商人则吓了一跳。"第二，抽烟的人夜里爱咳嗽，小偷以为他没有睡着，所以不敢去偷东西。"台下的人一阵大笑，商人则大汗直冒。"第三，抽烟的人很少有长寿的，所以永远年轻。"台下的人一片哗然。

此时，大家一看不知什么时候倒卖香烟的商人已经溜走了。

语言具有无穷的威力，关键就在于人们是否会使用好它。在说服的过程中，只要充分掌握事实，了解相关情况，抓住要害，开门见山，一语中的，这样，才能成功说服对方。

汉代的开国元勋周勃，曾经帮助汉室铲除吕后爪牙，迎立汉文帝，有定国安邦的大功。可后来当他罢相回到自己的封地后，一些素来忌恨周勃的奸伪小人便趁机向汉文帝诬告周勃图谋造反。

汉文帝竟然也相信起来，急忙下令将周勃逮捕下狱，追查治罪。按汉代当时的法律，凡是图谋造反者，不但本人要被处死，而且还要灭家诛族。

就在周勃大祸临头的时候，薄太后出来劝文帝说："皇上，周勃谋反的最佳时机是您未即位时，当时先皇留给你的皇帝玉玺在他手上，并且统率主力部队北军的时候，他一心忠于汉室，帮助汉室消灭了企图篡权的吕氏势力，把玉玺交给陛下。现在罢相回到自己的小封国里居住，怎么反而在这个时候想起谋反呢？"

听了这话，文帝所有的疑虑都没了，并立即下令赦免了周勃。

在紧要关头，薄太后勇敢地站出来并成功地劝服了文帝，就在于她懂得在劝说中抓住关键，一语中的地说到文帝的心里，让文帝清醒地意识到问题的所在。

对于善于运用说服技巧的人来说，不是与对方不停地周旋，而是抓住关键，一语中的。这一点如果发挥得淋漓尽致，可以将对方一举说服。

在说服的过程中，要掌握以下几点：

1. 针对性强

一定要找准说服对象的思想症结，对症下药，说到点子上，才能产生显著的说服效果。

2. 直冲要害

说服语言应语句短促，语意明确，语气恳切，旗帜鲜明，一针见血。

3. 有震撼力

涉及重大原则和立场，特别是有关对方切身利益等问题的话，一出口必定能给对方重重一击，震撼对方的心灵，促其权衡掂量，分析利弊，最终取其利而从之，做出正确的选择，产生豁然开朗的效果。

学点迂回之术，间接说服达到目的

在说服他人的过程中，有的时候直来直去地说话并不能取得很好的效果，而采取迂回的手段往往可以达到说服的最终目的。迂回之术不带刺，绕了一个弯后，不仅让人听明白了是怎么回事，最重要的是，能让人们愉快地接受。这就要求我们在步入正题前，需要先米点铺垫，做些迂回，然后再一步一步导入中心，这样才会收到良好的效果。

公元前266年，赵惠文王死了，太子继位，因其年幼，由母亲赵太后掌权。秦国乘机攻赵，赵国向齐国求援。齐国说，一定要让长安君到齐国做人质，齐国才能发兵。长安君是赵太后宠爱的小儿子，太后不让去，大臣们劝谏，赵太后生气了，说："谁敢再劝我让长安君去齐国，我就要往他脸上吐唾沫了。"左师触龙偏在这时候求见赵太后，赵太后怒气冲冲地等着他。

触龙步伐缓慢地来到太后面前，说："臣最近腿脚有毛病，只能慢慢地走路，请原谅。很长时间没有来见太后了，但我常挂念着您的身体，今天特意来看看您。"太后说："我也是靠着车子代步的。"触龙说："每天饮食大概没有减少吧？"太后说："用些粥罢了。"这样拉着家常，太后脸色缓和了许多。

触龙说："我的儿子年小才疏，我年老了，很疼爱他，希望能让他当个王宫的卫士。我冒死禀告太后。"太后说："可以。多大了？"触龙说："十五岁，希望在我死之前把他托付给您。"太后问："男人也疼爱自己的小儿子吗？"触龙说："比女人还厉害。"太后笑着说："女人才是最厉害的。"

这时，触龙慢慢把话题转向长安君，对太后说："父母疼爱儿子就要替他长远打算。如果您真正疼爱长安君，就应让他为国建立功勋，否则一旦'山陵崩'（婉言太后逝世），长安君靠什么在赵国立足呢？"太后听了，说："好，长安君就听凭你安排吧。"于是，触龙为长安君准备了上百辆车子，到齐国做人质。接着，齐国也派兵救了赵国。

迂回地表达意见，可避免直接的冲撞，减少摩擦，使对方更愿意考虑你的观点，而不被情绪所左右。所以，要想说服他人，不仅要真诚相待，还要善于动脑，讲究一点说服的艺术，尤其是当对方固执己见，谁去劝说他都不理不睬，泼水不进的时候，巧妙的办法就是避其锋芒，以迂为直。

有时，迂回可能要多走一些弯路，多费一些唇舌，多耗一些时间，但总比无功折返好。

北宋朝知益州的张咏，听说寇准当上了宰相，就对其部下说："寇准奇才，惜学术不足尔。"这句对寇准的评价是非常正确的，寇准虽然有治国之才能，但不愿学习。

张咏与寇准是相交多年的好朋友，他一直想找个机会劝劝寇准多读些书。因为身为宰相，关系到天下的兴衰，理应学问更多些。

恰巧时隔不久，寇准因事来到陕西，刚刚卸任的张咏也从成都来到这里。老友相会，格外高兴。临分手时，寇准问张咏："何以教准？"张咏对此早有所考虑，正想趁机劝寇准多读书。可是又一琢磨，寇准已是堂堂的宰相，居一人之下，万人之上，怎么好直截了当地说他没学问呢？于是，张咏略微沉吟了一下，慢条斯理地说了一句："《霍光传》不可不读。"

当时，寇准弄不明白张咏说这话是什么意思，可是老友不愿就此多说一句，说完后就走了。

回到相府，寇准赶紧找出《霍光传》，他从头仔细阅读，当他读到"光不学无术，谋于大理"时，恍然大悟，自言自语地说："这大概就是张咏要对我说的话吧。"

原来，当年霍光任大司马、大将军要职时，地位相当于宋朝的宰相，他辅佐汉朝立有大功，但是居功自傲，不好学习，不明事理。

寇准是当世奇才，然而却不大注重学习，知识面不宽，这就会极大地限制寇准才能的发挥，因此，张咏劝寇准多读书加深学问，既客观又中肯。然而，说得太直，对于刚刚当上宰相的寇准来说，面子上不好看，而且传出去还会影响其形象。张咏知道寇准是个聪明人，以一句"《霍光传》不可不读"的赠言让其自悟，何等婉转曲折，而"不学无术"这个连常人都难以接受的批评，通过教读《霍光传》的委婉方式，使当朝宰相也愉快地接受了。

说服他人时，有时候直接的表达未必能收到良好的效果。你如果用一种委婉的暗示法，巧妙攻击对方的心灵，使他洞察到你话中的言外之意，他便会欣然同意你的请求。这样说话，于人于己，有利而无害，何乐而不为呢？

第五章　美言暖心，用赞美打动人心

让你的赞美之言在对方心里开出花

大文豪马克·吐温曾经说过："一句美妙的赞语可以使我多活两个月。"细想起来，这句话不无道理。马克·吐温所言的正是我们人类所共同需要的精神食粮——赞美。

一位心理学家说："赞赏是对一个人价值的肯定，而得到你肯定评价的人，往往也会怀着一种潜在的快乐心情满足你对他的期待。这在心理学上被称为赞赏效应。"当你对某个人有意见或准备指责他的时候，你不妨试一下赞美，首先看看你想责备的那个人，还有哪些值得你敬佩和赞赏之处，然后真诚地表达出来，把你对他的批评或责备变成一种你对他的期待，并让他感到自己是一个值得你期待的人，你一定会得到比预想的要好的交际效果。

德国皇帝威廉二世闲来无事，亲自设计了一艘军舰。他在设计书上这样写道："这是我多年研究、长期思考和精细工作的结果。"然后专程派人请国内著名的造船家，对此设计做科学鉴定。

一个月后，造船家送回设计图纸，并写下了如下鉴定：

陛下，您设计的这艘军舰是一艘威力无比、坚固异常、十分美丽的军舰，绝对是空前绝后。它能开出前所未有的高速度，它的武器将是世上最强的，它的桅杆将是世上最高的，它的大炮射程也将是世上最远的。您设计的舰内设备，将使从舰长到见习水手的全部乘员都会感到舒适无比。看来这艘辉煌的战舰只有一个缺点：那就是只要它一下水，就会立刻沉入海底，如同一只铅铸的鸭子。

莎士比亚说："要想矫正某人的缺点，不妨反过来先赞美对方的其他优点，他才会乐于迎合你的期望，自我矫正。"天底下，无论是穷人、富人、男人还是女人，只要他们听到别人赞美自己的某一优点，他一定会全心全意去维护这份美誉，生怕辜负了自己和别人。这位聪明的造船家为威廉二世做出的鉴定，就充分利用了这一点。

"人告之以过则喜"这是《论语》中的一句话。但现在的人很少有孔子、子路这种胸怀和雅量了，真正能听得进逆耳忠言的人并不多。所以，在人际交往中，说话时应当委婉灵活，学会在适当的时候，多对人说些赞美的话。

赞美是人们对美好事物、美好行为的褒扬性评价。美国著名心理学家威廉·詹姆斯说："人类本性上最深的企图之一是期望被赞美、钦佩、尊重。"巧妙赞美别人，不仅会赢得对方的尊重，还会提高你在别人心目中的地位。只要是优点，对别人没有害处，你就可以毫无顾忌地表示你的赞美之情。

赞美是人际交往中的一种重要能力，人们会因此而喜欢你，而你自己也会因此而受益无穷。俗话说："良言一句三冬暖。"人一旦被肯定其价值时，总会喜不自胜，在此基础上，你再提出自己的请求，对方自然就会爽快地答应下来。心理上的亲和，是别人接受你意见的开始，也是转变态度的开始。由此可知，求助者要想在求人办事过程中取得成功，一个行之有效的方法就是给予对方真诚的赞美。赞美别人是一种有效的情感投资，而且投入少，回报大，是一种非常符合经济原则的行为方式。

有一个年轻人应邀去参加一个盛大的舞会，可是年轻人却显得心事重重。一位年长的女士邀请他共舞一曲，随着欢快的舞曲，年轻人也变得开朗起来。

一曲结束，年轻人对年长的女士给予由衷的赞美。对她的舞技大加赞赏。年长的女士听到有人这么欣赏她，显得很开心。出于好奇，女士忍不住询问年轻人刚开始时为何愁眉不展。

年轻人讲出了原因，原来年轻人是一家运输公司的老板，可是由于自然灾害的原因，他的公司遭受了很大的损失，已经濒临破产。年轻人已经没有多余的资金维持公司的周转了，即使想翻身也没有机会了。

凑巧，年长女士的丈夫是当地一家大银行的行长，女士很爽快地把年轻人介绍给了她的丈夫，她的丈夫随即找人对年轻人的公司进行了分析和调查，给他贷款100万，帮助年轻人渡过了难关，解了燃眉之急。

赞美是人际关系的催化剂。真诚的赞美往往会迅速缩短人与人之间的距离，从而达成有效沟通的目的。鼓励和赞美他人，使他人有一种满足感，这对交往来说有不可估量的作用。所以，在人际交往中，我们要善于发现别人身上的优点，恰到好处地赞扬别人。

背后的赞美会让别人更开心

赞美的奥妙和魅力是无穷的。在赞美一个人时，不同的方式所起到的效果也是不一样的。最有效的还是在背后赞美他人。正如罗斯福的副官布德所说："背后颂扬别人的优点，比当面恭维更为有效。"

真诚坦白地直接赞美别人，固然能取得效果，但是背后赞美则能收到更好的效果。据调查，背后赞美的作用绝不比当面赞扬差。此外，若直接赞美的力度不足会使对方感到不满足、不过瘾，甚至不服气，过了头又会变成恭维，而背后赞美则可以缓和这些矛盾。因此，有时当面赞扬不如通过第三者间接赞扬的效果好。因为那样的赞美更真实，是真正发自内心的，聪明的人总是善用这一说话之道。

林肯担任美国总统时，与国防部长埃德温·斯坦顿在政事观点上素有不合。斯坦顿常常在背后骂林肯是"该死的傻瓜"，甚至称他是"原始的大猩猩"。

当有人将这些出言不逊的话告诉林肯时，林肯非但没有生气，反而心平气和地说道："如果他对我的评价是个该死的傻瓜，那么，很可能我就是像他说的那样。我深知他的为人，他办起事来总是非常认真，而且他说过的话，也十有八九是正确的。"

林肯这番以德报怨的话，很快就传到了斯坦顿的耳朵里。他深受感动，非常诚恳地向林肯表达了自己的歉意。在那以后，林肯和斯坦顿逐渐变得亲密无间。

当听到斯坦顿谩骂和诋毁的传言时，林肯并没有当面指责对方，而是通过对其办事能力的肯定表明了自己对他的信任，巧妙地化解了对方的敌意，同时促使对方认识到自己的错误。从这里，我们可以看出林肯可谓深谙说话之道。要赞美一个人，当面说好话固然能起到作用，但背后赞美的效果更明显。

通常，当面说好话，别人会以为你是在奉承他、讨好他。而当你背后说别人的好话时，别人会认为你是真心地认可他，如此，别人也会领你的情，并感激你。假如下属当着上司和同事的面赞美上司的话，同事会认为你是在讨好上司，或者是在拍上司的马屁，这样就很容易招致周围同事的轻蔑。所以，正面歌功颂德不一定会产生理想的效果，甚至还可能会产生相反的效果，这让你的上司脸上可能会很没面子，也可能会说你不真诚。然而背后的赞美，却更易让人感动。

有一位员工与同事们闲谈时，随意说了上司几句好话："咱们经理这人真不错，处事比较公正，对我的帮助很大，能够为这样的人做事，真是一种幸运。"

这几句话很快就传到了经理的耳朵里，经理不由得有些欣慰和感激。

　　而那位员工的地位也在经理心里有所提升。就连那些"传播者"在传达时，也忍不住对那位员工夸赞一番："这个人心胸开阔、人格高尚，难得！"

　　由此可以看出，在背后赞美别人，会更加深入人心，背后赞美的作用绝不比当面赞美差。

　　在背后说别人的好话，会被人认为是发自内心、不带私人动机的。不仅能给更多的人以榜样的激励作用，还能使被赞美者在听到别人"传播"过来的好话后，感到这种赞扬的真实和诚意，从而在荣誉感得到满足的同时，增强上进心和对说好话者的信任感。

赞美是最有效的激励

　　赞美是一种切实有效的激励方式，就像兴奋剂，能够有效激发人的内在潜能，赞美是一种将外在动力转化为内在动力的非常好的形式，他能激发人的内在潜力，增强人自身全部的活力。赞美能让懦弱的人鼓起勇气，让徘徊的人确定方位，让盲目的人找到目标，让自卑的人找到信心，让软弱的人坚定信念，让成熟的人强化自身。

　　有一家公司的销售部经理接二连三地更换，原因就是业务员总是抱怨公司分配的任务量太大，已经远远超出了他们的推销能力。然而，销售部经理却认为这并非他们的责任，公司所分配的任务必须无条件地执行。虽然销售部经理一换再换，但这个矛盾始终未能解决。后来，这家公司又招聘了一名经理，与其他经理不同的是，这位经理上任后，并没有分配任务，而是逐一了解业务员工作情况。

　　在不断了解的过程中，他发现前任经理与业务员之间矛盾重重。双方从来没有心平气和地在一起谈过心，相反总是在抱怨。

　　掌握此情况后，新任经理通过与上司沟通，对业务员的月任务量进行下调，并在每月的业务员会议上，先对每个业务员的业绩给予一定的赞扬与肯定。即使只是点滴的进步，他也会郑重其事地表扬一番。有时亲临市场考察，见到某个区域的业务员时，他总会赞美地说道："你辛苦了，你的工作做得十分不错，望再接再厉。"

　　渐渐地，公司的情形发生了变化，业务员的抱怨开始减少，每个月的工作任务也能按质按量地完成甚至超额完成。事实上，与以前相比，他们的工作量只是略有减少，但大部分的业务员却都能完成，而不像以前那样，每个月有近一半的业务员完不成任务。

　　在此经理任职的两年时间内，公司的销售市场逐步扩大。由于任务完成得较为出色，这位经理不仅受到了上司的极力称赞，还得到了业务员的高度认可。

　　其实，这位经理之所以能取得这样的成绩，就是因为他懂得适时地赞美自己的下属，使他们能够从赞美中获得工作的动力。

一位成功人士曾经这样说过："在现实生活中，许多人习惯于骂人或警告人，如果能够反过来称赞他人，反而会使被称赞者更有信心，更容易发挥潜能。"因此，对于一位领导而言，若想在你的下属中树立威信，得到他们的认同，就要学会适时赞美他们。不仅领导应该如此，每一个人均应如此，当你看到值得赞扬的人或事情时，一定要及时给予称赞，使赞美能够发挥其最大作用。

一位生活潦倒的年轻人，终于找到了一份推销保险的工作。但工作并不顺利。他每天需要拜访30位客户，但均遭遇冷眼和拒绝。他没有就此放弃，而是不断鼓励和安慰自己，可事与愿违，一个月过去了，他依然一无所获。

这一天，他拜访了29位客户，又遭到了连续的失败。当他再次鼓起勇气敲开最后一户人家的房门时，开门的是一位慈祥的老人。这次，老人没有像其他人一样将他拒之门外，而是热情地召唤他进屋，并为他倒了杯水。

年轻人没有向老人推销保险，而是情不自禁地向老人诉说了最近的工作情况，并且告诉了老人自己要辞职的决定。老人并没有多劝他什么，而是对其称赞道："年轻人，虽然你没有推销出一份保险，但是你非常敬业，凭借这一点，你一定会成功的。"

老人的这句话深深地打动了他，仿佛为他重新注入了勇气和力量，他决定继续坚持下去。

几年后，年轻人凭借自己的努力，业绩日益提高，他也被晋升为市场部经理。他一直没有忘记老人给他的称赞和鼓励。

所谓患难见真情，唯有雪中送炭式的赞美才能够引起人们的共鸣。一个功成名就或一帆风顺的人，赞美的话，他可能听得太多了，你再赞美他，他可能都不会记得你的赞美。但对于那些身处逆境或遇到困难的人来说，适时、适度的赞美，会大大增强他们的自信，会让他们感受到自身的价值，鼓起面对困难的勇气，他们一辈子都会记住你、感谢你。

赞美的关键，找准对方身上的闪光点

现实生活中，有人精通赞美之道，有人却不会赞美别人。大文豪萧伯纳曾说过："每次有人吹捧我，我都头痛，因为他们捧得不够。"可见，高帽子是人人都爱戴的，关键是赞美的人能不能抓住被赞美之人的闪光点。

赞美他人并不需要你过多地付出什么，你要做的只是在与他人相处的时候细心一点，找出对方身上的闪光点并给予恰当的赞美与肯定，那么你就会受到他人的欢迎和喜爱。

在镇压太平军的行营中，一次，曾国藩用完晚饭后与几位幕僚闲谈，评论当今英雄。他说："彭玉麟、李鸿章都是大才，为我所不及。我可自许者，只是生平不好诙耳。"一个幕僚说："各有所长，彭公威猛，人不敢欺，李公精敏，人不能欺。"说到这里，他说不下去了。曾国藩问："你们以为我怎样？"众人皆低首沉思。忽然走出一个管抄写的后生来，插话道："曾帅仁德，人不忍欺。"众人听了齐拍手。曾国藩十分得意地说："不敢当，不敢当。"后生告退而去。曾国藩问："此是何人？"幕僚告诉他："此人是扬州人，入过学，家贫，办事谨慎。"曾国藩听完后说："此人有大才，不可埋没。"

抓住一个人的独特之处来进行赞美，最能赢取人心。在每个人的生命历程中，或多或少都会发生一些重要的事情，其中不乏自己引以为荣的事情。对这些引以为荣的事情，每个人都渴望得到别人较高的评价，如果能够得到别人衷心的肯定和赞美，那更是让人高兴和自豪的事。

事实上，由衷地赞美别人的闪光点，是最令对方温暖的礼物。面对领导时，也是如此。很多人经常觉得赞美他人是一件非常困难的事情，碍于领导的权威，经常觉得无从开口，不知道从何说起。其实，赞美领导并非那么难，赞美的关键，就在于找准对方身上的闪光点，这样的赞美往往是最有效、最得领导欢心的。

楚汉战争的结果是刘邦打败了项羽，刘邦心里自然很骄傲，常常问他的大臣们自己为什么能打败项羽之类的问题。大臣们都非常了解刘邦"胜者为王"的心理，于是都对他的才能赞叹不已。刘邦逐渐产生了自满情绪，执政的积极性慢慢懈怠下来。

一次，刘邦生病后整日躺在宫中，下令不见任何人，不理朝政。周勃、灌婴等许多跟随他征战多年的元勋也都找不到劝说的办法。

大将樊哙想出了个办法，闯进宫中进谏，他掷地有声地先对刘邦的过去进行了一番赞美："想当初，陛下和我们起兵沛县定天下之时，何等英雄！上下团结，同甘共苦，打败了项羽，建立了汉朝社稷大业。"

几句话激起了刘邦对辉煌历史的自豪之情，然后樊哙话锋一转："现在天下初定，百废待兴，陛下竟这般精神颓废，大臣们都为陛下生病惶恐不安，陛下却不见大臣，不理朝政，而独与太监亲近，难道不记得赵高祸国的教训了吗？"樊哙先是称赞了刘邦征战时的辉煌战绩和勤政作用，而后又巧妙批评了现在刘邦的颓废和懈怠，赞扬与批评相结合。一席肺腑之言终于震醒了刘邦。以后，刘邦专心朝政，休养生息，汉朝一片兴旺发达景象。

樊哙正是通过称赞刘邦引以为荣的历史功绩进行劝谏，终于说服刘邦采纳了自己的意见。

每个人对自己昔日的辉煌都会念念不忘，引以为荣，从此入手，交谈效果一定令人满意。

在对他人进行赞美时，你不妨就从这一点入手，找准对方身上的闪光点，对他引以为豪的事情加以肯定，对方自然会很高兴。

第六章 笑就舒心，
诙谐幽默会让你更受人欢迎

一句巧妙的幽默胜过多句平淡的表白

语言的表达，是人与人之间情感交流的主要渠道，语言障碍无疑是人际交往的天敌。因此，在彼此交流的过程中，要设法拉近双方的心灵距离，而幽默恰是取悦人心的秘诀。

人们常说，幽默是思想、学识、智慧和灵感在语言运用中的结晶，是一瞬间闪现的光彩夺目的火花。因此，幽默的言谈会使你的社交如鱼得水，绝处逢源。

美国某大学博士班的劳拉要结婚了。但她却在众多追求者中选择了汤姆作为交换婚戒的对象。得知这个消息后，她的很多同学大感诧异，因为汤姆在所有追求者当中既不是最帅的，也不是最有钱的。

人们问为什么是他，劳拉的嘴角微微上扬："很简单，因为他最能让我笑。"

原来如此，汤姆是以幽默感赢得了美人芳心，的确精彩。这世上还有什么比欢笑更能感染人的呢？只要你掌握了给人带来快乐的方法，你也会获得人们的肯定，成为一个社交场上有影响力的人。"百万富翁"的创造者拿破仑·希尔曾经说过："如果你是个幽默的人，那么你就会轻而易举地影响到你周围的人，让他们永远喜欢你；如果你是个悲愤的人，即使你身边充满了欢乐的海洋，你也不会看到。"

有人说，当你同别人一起笑的时候，彼此间感情也得到了交流。很多人之所以招人喜欢，让人愿意与其交往，不仅因为他是极有才华的人，更主要的原因是他的幽默能够活跃气氛，给人留下深刻的印象和美好的回忆。

与人交流的时候，幽默的语言不仅可以消除人与人之间的疏离感，还能达到互相交融的美好境界。许多政治家、教育家、艺术家、谈判家都知道，如果把幽默的神奇力量注入潜意识之中，就可以使自己更容易让人亲近，更富有人情味。

在第二次世界大战将要结束期间，东西方的首脑在埃及开罗召开会议。某一天，美国总统罗斯福急着找当时的英国首相丘吉尔商洽要事，便径直驱车前往丘吉尔的临时行馆。

久居英国，丘吉尔对开罗既干燥又闷热的气候难以适应，尤其日间高达40摄氏度以上的气温，更是令他无法忍受。几乎整个白天，丘吉尔都把自己泡在放满冷水的浴缸中消暑。

当罗斯福匆匆赶到时，丘吉尔的随从来不及挡驾，罗斯福直接闯进了大厅，耳中听到旁边一个小房间传来丘吉尔的歌声，罗斯福随着声音找了过去，正好撞见了躺在浴缸中一丝不挂的英国首相。

两个大国的元首在如此尴尬的情况下见面了，罗斯福马上开口道："我有事急着找你，这下子可好了，我们这次真的能够坦诚相见了。"

丘吉尔也立即做出反应，他在浴缸中泰然自若地说道："总统先生，在这样的情形下会面，你应该可以相信，我对你真的是毫无隐瞒的。"两位伟大领袖人物的睿智对谈，轻松地化解了一次外交史上的尴尬，并让后世传为美谈。

幽默不仅是一种说话之道，更是一种智慧，这种智慧中蕴含着一种宽容、大度的人生姿态。美国一位心理学家说过："幽默是一种最有趣、最有感染力、最具有普遍意义的传递艺术。"幽默是一个人的学识、才华、智慧、灵感在语言表达中的闪现，它是对社会上的种种不和谐、不合理的荒谬现象的揭示和对某些反常规知识言行的描述。

有一次，美国总统威尔逊为了推行他的政策，在广场举行了一次公开演讲。当时，大概有数千人在广场上聆听他的发言。突然，人群中有人扔出来一个鸡蛋，不偏不倚恰好打在威尔逊的脸上。安全人员赶紧去找那个闹事者，结果发现，扔鸡蛋的人竟然是一个小孩。威尔逊了解情况后，让他们把小孩放开，然后问了问小孩的名字、家里的电话和住址，并让助手当众记下。

台下听众躁动了，议论纷纷。他们猜想，威尔逊要惩罚那个孩子。这时候，威尔逊让大家保持安静，他镇定地说："在对方的错误里承担自己的责任，这是我的人生哲学。刚才，那位小朋友用鸡蛋打我，这种行为不太礼貌。但作为总统，我有责任和义务为国家储备人才。那位小朋友，从那么远的地方把鸡蛋扔过来，还正好打在我的脸上，说明他是一位很有潜力的棒球手。所以，我要记下他的信息，以后让体育大臣们重点培养他，为国家效力。"这番话说完，听众们哄然大笑，演讲的气氛也变得轻松起来。

语言表达幽默生动是一个人智慧的表现，这有利于取得良好的沟通效果。在交往中，幽默如同润滑剂，可有效地降低人与人之间的摩擦系数，化解冲突和矛盾，并能使我们从容地摆脱沟通中可能遇到的困境。

幽默大师卓别林曾经说过："幽默是智慧的最高表现，具有幽默感的人最富有个人魅力，他不仅能与别人愉快相处，更重要的是他还会拥有一个快乐的人生。"的确，幽默是沟通最好的清凉剂，培养幽默感有助于彼此的沟通。在通常情况下，真正精于沟通艺术的人，其实就是那些既善于引导话题，同时又善于使无意义的谈话转变成风趣幽默谈话的人。这种人在社交场上往往如鱼得水，是人际沟通中的幽默大师。

富有幽默感的人总是让人印象深刻。他能使枯燥的会议气氛变得活跃；朋友间的聚会更加红火热闹；让严肃的上司，松弛了板着的面孔；让拘谨的下属，缓和了紧张的心情。与他相处，不管是初次见面，还是久别重逢，都让人感到轻松愉快。这样的人，怎么能不招人喜爱呢？

所以，学着适当地掌握一些幽默技巧，给生活增添一道幽默诙谐的色彩。如果能够在初次见面时，就用你的巧语妙言逗得对方开怀一笑，那么，之后的人际交往将会更加愉快。

幽默是一种灵活机智的交流方式

幽默是一种高深的说话艺术，能表事理于机智，寓深刻于轻松，运用得当，既可提升你的品位，又可为谈话锦上添花，叫人轻松之余又深感难忘。幽默的魅力，宛如空谷幽兰，你看不到它盛开的样子，却能闻到它清新淡雅的香味。红颜终会不再，但岁月只能带走昨日的笑声，却带不走引起笑声的幽默。

穆哈米曾经主持过一档晚会，这次晚会的主角没有多少人，只有穆哈米和几个文艺界的名流，他们要站在舞台上提问、回答，虽然看起来简单，但是他们的表现却博得了满堂彩。

当时，舞台上有一位文艺界德高望重的老人，他叫雷利，此人两鬓斑白，拄着拐杖，慢慢地走上了台。

穆哈米看到他如此，就非常担心他的身体："老先生，你是不是每天都要去看医生？"

雷利回答说："是的，要经常去看。"

穆哈米问道："为什么要经常去看医生？"

雷利不紧不慢地回答说："因为只有我经常去看医生，医生才能依靠我的诊费活下去。"雷利话音未落，台下的观众就为他的机智幽默鼓起掌来。

这时，穆哈米又问："你常去药店买药吗？"

雷利回答说："当然，我要常去的，只有这样，药店老板才能继续生活下去。"台下再次响起了阵阵掌声。

穆哈米问："那你应该经常吃药吧？"

雷利看着穆哈米说："不，我会把买来的药扔掉，因为，我也要生活下去。"

穆哈米转移话题，继续问道："夫人最近怎么样？她还好吗？"

雷利故作惊讶，回答说："还是那一个，我没换。"

幽默是一种灵活机智的交流方式，是一种洒脱豁达的处世风格，也是应用在与人交往中的一门复杂艺术。

心情沉重的人是笑不起来的，充满狐疑的人，话里肯定不会荡漾着暖融融的春意，整天牵肠挂肚的人话里肯定有着化不开的忧郁。只有心怀坦荡、超越得与失的大度之人，才能笑口常开，妙语连珠，话中总是带着对他人意味深长的关爱，带着对自己不失尊严的戏谑。

人们都喜欢听幽默的语言，就像喜欢听动人的音乐，喜欢欣赏美妙的诗篇一样。我们和谈吐幽默的人在一起，往往就像置身于蔚蓝的大海边或壮美的大山中一样让自己陶醉。幽默风趣的人，是生活中一道最亮丽的风景线。

书画家启功先生成名之后，经常有人上门求字求画。启功先生为人谦和，心地善良，无奈上门的人太多，严重影响了他的创作和身体健康，所以，他常在自己的门上挂个牌子，上写："大熊猫病了！"来者看后通常会会心一笑，打道回府。

人生有许多无奈，生活中诸事繁多，岂能尽如人意。但幽默却能让你"笑看天下古今愁，了却人间许多事"。由此看来，运用幽默，并不单单靠智慧和口才，还要有知识底蕴，更需具备旷达超脱的生活态度。要知道幽默感是可遇而不可求的，它是思维的火花、智慧的结晶，是长期积累的结果。

幽默是智慧的产物。如果把幽默比拟成一个美人，那么她就是一个内涵丰富、艳若桃花、气质如兰的美人，她能给人带来愉悦的享受。她比滑稽更有气质，也更耐人寻味。

一个演员唱乐亭大鼓时，鼓板没打几下，就听鼓砰然落地，观众哗然。主持人利用演员弯腰捡鼓的时机亲切地说："诸位，这个节目是临时加的，这位演员没来得及带自己的鼓，用的是别人的，看来这鼓有点认生。"一句话缓解了紧张的气氛，让我们不得不对这位主持人心生佩服。

一位杂技演员表演《踩蛋》时，不小心把脚下的一个鸡蛋踩碎了，观众都看见了，演员很不好意思地又换了一个鸡蛋，主持人连忙打圆场："为了增加艺术效果，证实鸡蛋是真的，所以演员故意踩碎了一个给大家看。"不巧的是，主持人话音刚落，演员脚下又一个鸡蛋被踩碎了。观众马上转向主持人，这回看你怎么说。只见主持人无可奈何地叹了口气，说："唉，社会上的伪劣产品屡禁不绝，看来不抓不行了——连母鸡都生产劣质产品！"一时满座粲然，这幽默风趣，令人钦佩。

幽默是一种言语或行动，它不是刀枪剑棍、武林绝技，也不是排山倒海的兵力，它是智慧与知识的综合。在智慧之力、知识之力的辉映下，幽默也就具有了化险为夷的魔力。当你处于四面楚歌的危急情境或受人非难的尴尬处境时，幽默都能给你转败为胜的力量。

幽默的人，走到哪里都受欢迎

幽默是人际交往中的吸铁石，它可以将周围的人吸引到自己身边来。幽默也是转换器，可以将痛苦转化为欢乐，将烦闷转化为欢畅。每个人都喜欢与机智幽默的人做朋友，而不愿与忧郁沉闷、呆板、木讷的人交往。

纪伯伦曾说过："大智慧是一种大涵养，有涵养的人才善于学习。我们从健谈的人身上学到了幽默。"幽默的谈吐，是社交场合必备的智慧，幽默风趣的人往往更受人欢迎。

张强的情感之路十分不顺，恋爱屡屡失败。终于有一次他开心地告诉大家，一个女孩子答应和他约会了。见面后，大家关心地问他约会结果怎么样，他说："成功了一半。""怎么是一半呢？"大家问道。"因为我去了，她没去，这还不是成功了一半啊！"本来大家都想安慰安慰他呢，但是见他这样乐观，朋友们也就没那么担心了，并都声称会留心为他挑选一位如意伴侣。

幽默是一座沟通心灵的桥梁。幽默者最有人情味，与幽默者相处，每个人都会感到快乐。

某个盛大的自助餐式酒会上，因为事先预备了各式各样的美酒，客人们全都赞不绝口。

某位被公认为酒仙的仁兄，在宴会一开始就在朋友之间来回地寒暄道："哦，对不起，在下先行告退了。"

当他一路来到女主人面前时，女主人知道此仁兄是酒道高手，不禁诧异地问道："怎么，您要回家了呀？是不是有什么地方招待不周呢？""哦，不，不，我一喝酒就会分不出来东南西北，所以我想先行告退。"

如果你也喜欢喝酒的话，你就会很容易看到这位仁兄的聪明幽默之处。面对那么多的美酒，他当然是不愿意错过的，可是他又怕自己喝醉了以后会出丑，所以他就在喝酒之前为喝酒之后可能出现的情况做好铺垫，然后他就可以尽兴地享用美酒了，因为他明白主人当然不会因为他有可能喝醉而答应让他回去的。

幽默有助于社交活动，幽默的谈吐，是社交场合必备的智慧。在成功的人际交往中，幽默能使人在不利的情况下依旧保持快乐的心情。

有人说："博人好感者必善于幽默。"虽然这句话显得有点太夸张绝对了，但是，幽默在人际交往中确实起着不可小觑的作用。如果你想在交往中很快吸引别人的目光，就要善于运用幽默的力量。

一天，吴兰去赴朋友邓瑛的家宴邀请，由于是初次在家中请客，邓瑛的家人都显得有些紧张和拘束。

吴兰见状，幽默地说道："邓瑛邀请我来时，告诉我说：'你到了之后，只需用手肘按门铃即可。'我问她为什么非得用手肘按，她说：'你总不至于空手来吧？'"

这句玩笑话顿时把邓瑛和她的家人逗得哈哈大笑。

幽默是缓和气氛的良剂，在任何时候，任何场合，幽默都能帮你打开与人沟通的大门。

心理学家凯瑟琳告诉我们："如果你能使一个人对你有好感，那么，也就可能使你周围的每一个人，甚至是全世界的人，都对你有好感。只要你不是到处与人握手，而是以你的友善、机智、风趣去传播你的信息，那么彼此间的时空距离就会消失。"

《趣味世界》的编辑雷格威尔也说过："原始人见面握手，是表示他们手上不带武器。现代人见面握手，是表示我欢迎你，并尊重你。以幽默来打招呼，则是有力地表示我喜欢你，我们之间有着可以共享的乐趣。"

现代幽默理论认为，幽默能在参与者之间产生一种强烈的熟悉感。幽默能一下子拉近两个人之间的感情距离，如果两个人一起笑，就表明他们之间已经有了共同的兴趣、爱好，这是社交成功的第一步，也是很关键的一步。

有一次，教授带领一群学生深入山区做校外实习，沿途看到许多不知名的植物，学生好奇地一一发问，教授都详细地回答解说，一位女同学不禁停下了脚步，对着教授赞叹说："老师，您的学问好渊博呀，什么植物都知道得那么清楚。"教授回头眨了眨眼，扮个鬼脸笑道："这就是我为什么走在你们前头的原因了，只要一看到不认识的植物，我就'先下脚为强'赶紧踩死它，以免露馅。"学生们听后个个笑得人仰马翻。这位教授的幽默也使这次实习之旅成了一趟充满了笑声的愉悦之旅。当然，教授只是开个玩笑，幽默一下而已，这就是他广受学生欢迎的原因。

幽默宛如一座桥梁，是沟通人心灵的桥梁。

幽默者最有人情味，与这样的人相处，每个人都会感到快乐。

如果你希望有所成就，希望引人注目，希望社交成功，那么你就应该学会给别人来点幽默。幽默像春风一样，表达着你的真诚和温情。

幽默是一个人的魅力，也是一个人的能力，更是一个人的品格。如果你具备了幽默的能力，那么，你就会发光，就会产生吸引力。但是，千万要注意，不要把拙劣的玩笑当作幽默，否则只会弄巧成拙，适得其反。

凭借机智幽默的话摆脱困境

在人际交往中，我们会结识形形色色的人，会处在不同的环境中，因此经常会遇到对方的刁难。面对这种情况，如果气急败坏，会显得有失风度；但也不要不说话，必要的幽默技巧是最好的"挡箭牌"和"武器"。它既保护了我们的尊严，又表现出了我们敏捷的才思、宽大的胸怀。

某公司里的人都在为一个部门经理的空缺费尽心思，争得头破血流。大家都铆足了劲，摆出一副志在必得的架势，没想到，这个头衔最终却落在了刚来公司不久的林南头上。

大家都很不服气，"凭什么让一个刚来不久的毛头小子来领导我们？"

于是，他们都团结在了一起，摩拳擦掌地打算在林南上任那天给他点颜色瞧瞧。

就职演讲一开始，林南先深深地鞠了一躬，然后开口说道："在下能到这里来，全要感谢大家。因为大家都是一等一的能人，据说升谁当经理，都显得不太公平。公司没有办法，才决定选了我这个傻有傻福的人担任经理。"

台下响起了一片笑声，林南接着说道："我这个傻人担当了这个职责，其实就像个蜡烛的芯，看起来最亮，又处在蜡烛的最高最中心，其实，这样最惨，总是承受着最高的温度，被烧得焦黑焦黑，你们看看我这么瘦，能烧几下啊？"

大家又笑了。林南继续说道："其实，最重要的不是蜡烛芯而是四周的蜡油。所以，各位，拜托，我这蜡烛芯就全靠大家了，请大家帮忙，别让我烧焦了。"

一屋人都笑弯了腰，早就把对林南的敌对情绪和打算修理他的事忘到脑后了。

对于敌人的攻击，幽默有着自我保护的作用；而对于别人的赞扬与批评，幽默又有着平衡心态的作用。比如身居高位者，难免碰到自己受重视，别人被冷落的情况。这种情况下，如果你是那个受重视的人，就应该施展才华，减少对方的敌意。适度地讲讲自己的糗事，诙谐幽默地"抹黑"一下自己，不失为一个好的办法。

奉系军阀张作霖在面对日本人的恶意攻击时，也用了幽默的语言很好地回击了他们。

有一次，张作霖应日本人邀请出席酒会。在酒会上，这位东北"土皇帝"派头十足，威风凛凛，使在场的日本人大为不快。日本人设计要当众羞辱张作霖，以发泄他们内心的愤懑。

酒会上，灯红酒绿，人头攒动。三巡酒过，一个日本名流离席而去。不一会，他捧来笔墨纸张，定要张作霖当场赏幅字画。他们以为张作霖是"土包子"，斗大字不识一箩筐，定然会当众出丑。

不料，张作霖接过纸笔，竟不推辞，写完后，冷笑两声掷笔而去，旁若无人地坐回自己的席位。众人齐看纸上写的是"虎"字，落款为"张作霖手黑"。

张作霖的秘书凑近张作霖小声说："大帅，您的落款'手墨'的'墨'字下面少了一个'土'，成了'黑'字了。"张作霖听了，两眼一瞪，大声骂道："你懂个屁！谁不知道在'黑'字下面加个'土'字念'墨'？我这是写给日本人的，不能带土，这叫'寸土不让'！"在场的日本人听了，个个张口结舌。

像张作霖这样，面对日本人的蓄意挑衅，采用精妙的冷幽默不仅可以巧妙化解尴尬，还可以有力地回击对方，令其毫无招架之力。

可见，用幽默针对他人的侮辱进行批驳，就能很好地反击对方，而且这种反击既辛辣又不乏趣味，在实际中我们需要把自己的思维潜在能量充分调动起来加以运用。幽默在生活中常常也对我们维护自己的权益发挥着相当大的作用。

里根总统第一次访问加拿大的时候，有一天，他正在某地举行演说，可是，很多举行反美示威的人不断高呼反美口号，使他的演说不得不时时中断。

陪同他的加拿大总理皮埃尔·特鲁多见此情景很难为情，眉头紧紧皱了起来，觉得示威的人对这位美国总统太不尊重。

可是，面对如此难堪的场面，里根总统仍然是一脸轻松。他满面笑容地说："这种事情在美国时有发生。我想这些人一定是特意从美国来到贵国的，他们想使我有一种宾至如归的感觉。"

紧皱双眉的特鲁多听了这话顿时松了口气，也跟着开怀大笑了起来。

很多人遇到这种难堪的局面，都会觉得很尴尬，这样对自己、对事情的发展都没有任何的好处。不妨学学里根总统，运用诙谐幽默的语言和表情，轻轻松松化解尴尬，赢得别人的尊重。

幽默是一种能博得好感、赢得友谊的好方法，尤其是在遇到那些没必要争执或不值得争执的问题时，幽默更能收到很好的效果。

一位竞选总统的议员到农村去演讲，演讲刚进行到一半，就遭到了反对派的攻击，他们鼓动当地的农民用西红柿和其他一些农产品砸这位议员。

面对这样的状况，议员并没有表现出愤怒，而是神色自若地掸掉身上的东西后，对在场的农民说："我也许不知道你们现在的困境，但是假如你们选了我作为你们的总统的话，我一定有办法解决你们的农产品过剩的问题。"

正面反抗或者回避问题，肯定会使自己的形象大打折扣，甚至引起怨恨，导致交流和沟通无法继续进行，从而使自己陷入更加尴尬的境地。而采用幽默的语言，不仅能挽回难堪的局面，还能博人好感。

正所谓"天有不测风云，人有旦夕祸福"。当你处在一种相当狼狈的境地，备受他人攻击和恶意侮辱时，你无须惊慌失措，也不必十分愤怒，或者万分沮丧，因为这一切都无法帮你从遭受挑衅和侮辱的境地中解脱出来。在这时候，就需要你把自己思维的潜在能量充分调动起来，运用幽默做出超常的发挥，给对方以反击，从而帮自己轻松地摆脱困境。

第七章 以曲为直，委婉的语言更中听

委婉达意，通过话语暗示出你的真意

委婉表达是指在人际交往中，对于不便、不能或不想直说的内容，巧妙地运用具有多义性隐含性的语言，加以委婉表达的说话方式。在处理和回答棘手问题时，恰到好处地运用委婉表达，往往能达到理想的表达效果。

说话含蓄，是一种艺术。言有尽而意无穷，余意尽在不言中。把重要的该说的部分故意隐藏起来，或说得不显露，却又能让人明白自己的意思，这就是所谓"只可意会，不可言传"。所以含蓄是说话的艺术，因为它体现了说话者驾驭语言的技巧。

不便直说的话往往是由说话的场合、说话者的身份、说话者的心理状况等决定的。如在古代，臣子看到君王有过失，进谏时，就很注意说话的含蓄。因为君王十分讲究保持至高无上的尊严，如果大臣有损龙颜，是要掉脑袋的。

传说汉武帝晚年时很希望自己长生不老，一天，他对侍臣东方朔说："相书上说，一个人鼻子下面的人中越长，命就越长。人中长一寸，能活百岁。不知是真是假。"

东方朔听了这话，知道皇上又在做长生不老梦了。皇上见东方朔似有讥讽之意，面有不悦之色，喝道："你怎么敢笑话我？"

东方朔回答说："我在笑彭祖的脸太难看。"

汉武帝问："你为什么笑彭祖呢？"

东方朔说："据说彭祖活了800岁，如果真像皇上刚才说的，人中就有8寸长，那么，他的脸不是有丈把长吗？"

汉武帝听了，也哈哈大笑起来。

东方朔是聪明的，他用笑彭祖的办法来讥讽汉武帝的荒唐，颇有些指桑骂槐的味道。这种含蓄的批评，汉武帝却是愉快地接受了。

一条弯弯曲曲的小径比一览无余的大道更能令人愉快，委婉含蓄要比"竹筒倒豆子——一吐无余"高明得多。

当某件事情不便直接陈述自己的观点时，可以拐弯抹角地绕过主题，用婉约含蓄的方式表达出来。这样，既不伤害对方的自尊心，又能清楚地表达自己的意思，使自己的说话形象显得更高明。

一次，某乡党委为了加强机关干部管理，在工作考勤等方面做了一系列规定。决定由曾在乡属企业担任过多年负责人，不久前刚调到机关传达室工作的一位老同志负责考勤登记。这位老同志认为这项工作易得罪人，不愿意干。说自己过去就是因为办事太认真，得罪了不少人。

听了他的活，乡党委书记委婉地讲了一个故事：某电影导演，为拍部片子四处寻找合适的演员。一天，发现了一个合适的人选，便通知他准备试镜头。这个人十分高兴，理了发换上新衣，对着镜子左照右看，总感觉自己的两颗虎牙不好看，于是到医院把牙齿拔掉了。后来，当他兴致勃勃地去报到时，导演一见到他就很失望地说："对不起，你身上最珍贵的东西，被你自己当缺陷给毁掉了，我们的影片已不再需要你了。"

故事讲完后，这位老同志懂得了"坚持原则、办事认真"正是自己最好的品质，于是他愉快地接受了任务。

委婉含蓄的语言，既是劝说他人的法宝，又能满足人们的自尊心。换句话来说，委婉含蓄的语言就是成熟、稳重的表现。中国人讲究曲径通幽的含蓄美，虽然它和"条条大路通罗马"是一个意思，但一比较即有明显的差别，智者说话往往委婉含蓄。因此，无论什么时候，说话都要注意方式，多用委婉的语言表达。

不要直接开口拒绝，照顾他人的面子

拒绝是一门人生的学问，也是一门人生的艺术。某电影里有一句经典的台词："要想不被别人拒绝，你最好先拒绝别人。"这就告诉我们，如果你想在交往中获得主动权，首先要学会拒绝。要知道一味地逢迎、妥协、逆来顺受并不会得到别人的尊重，反而会让别人看轻你自己。如果你适当地拒绝，拒绝得有理，你不但不会得罪对方，还会让对方尊重你，对你刮目相看。所以，一位哲人说："学会拒绝，是一个人成熟的标志。"

一次，一家报社邀请林肯总统参加他们的编辑大会，并邀请他在大会上发言。林肯不愿意过于频繁地参加这种会议，更不想在大会上讲话，不过他担心如果明言拒绝，既扫了对方的兴，又会给一些小报捕风捉影的题材，于是林肯在会上讲了这样一个小故事：

有一天，我在森林里遇到一位穿戴很时髦的小姐，由于道路很狭窄，我便侧身一旁让她先行，但与此同时，这位小姐也停了下来，并且目不转睛地看着我。

她说："我此时才知道，世界上没有比你更丑陋的男人了。"

我回答说："您说的是事实，但我又有什么办法呢？"

那位小姐说："当然，父母所造成的缺陷的确是无法弥补的，但你可以躲在家里不出来啊！"

所有的人都被总统的幽默故事逗笑了，大会主席也不再坚持让他上台讲话了。

人际交往中，任何人只要提出要求，总是不希望遭到拒绝，一旦遭到拒绝，必然会表现出不悦和失望。有时候，这种不悦和失望会伤害彼此之间的感情，妨碍彼此的沟通和交流，妨碍建立正常的交往关系。因此，拒绝别人时，要像林肯一样尽可能婉言拒绝，不要伤害到他人的自尊。

生活中，我们要敢于拒绝，也要善于拒绝，既要能够拒绝别人，又不能让对方太尴尬和难堪。一旦确定要拒绝对方，心意就要坚决，但拒绝的方法不要过于僵硬。下面介绍几种拒绝的方式：

1. 幽默式

交往中，有时会不好正面拒绝对方。此时，你可根据对方的要求或条件推出一些荒谬的、不现实的结论来，从而加以否定。这种拒绝法，往往能产生幽默的效果。

一位演技很好、姿色出众但学历不高的女演员，对萧伯纳的才华早就敬而仰之。她平时生活在众星捧月的环境中，多少有一些高傲，总以为自己应该嫁给天下最优秀的男人。某次宴会中，她和萧伯纳相遇了，她自信十足，以最迷人的音调向萧伯纳说："如果以我的美貌，加上你的才华，生下一个孩子，一定是最最优秀的。"

萧伯纳立刻微微一笑，不急不慢地回答："对极了。但是如果这孩子长成了我的貌和你的才，那将会怎样呢？"这位美女演员愣了一下

子，终于明白了萧伯纳的拒绝之意。她失望地离开了，但一点也不恨萧
伯纳，反而成了他的好朋友。

2. 委婉含蓄式

这种拒绝法不是就事论事、直接拒绝，而是通过顾左右而言他的方法间
接地、巧妙地、委婉地加以拒绝。这种拒绝法特别适用于有人为某事向你求
情而你在原则上又不能答应的情况。

清代的郑板桥在当潍县县令时，查处了一个叫李卿的恶霸。李卿
的父亲李君是刑部官员，得知后急忙赶回潍县为儿子求情。李君以访友
的名义拜访郑板桥，郑当然知道李的来意，故意不动声色地看李君如何
扯到正题上。李君看到郑板桥房中有文房四宝，于是向郑板桥要来笔墨
纸砚，提笔在纸上写道："燮乃才子。"郑板桥一看，人家是在夸自己
呢，自己也得表示表示，于是也提笔写道："卿本佳人"。李君一看心
里一亮："郑兄，此话当真？"

"君子一言，驷马难追！"

"我这个'燮'字可是郑兄大名，这个卿字……"

"当然是贵公子宝号啦！"

李君心里高兴极了："承蒙郑兄关照，既然我子是佳人，那就请郑
兄手下留情。"

"李大人，你怎么糊涂了？唐代李延寿不是说过'卿本佳人，奈何
做贼'吗？"

李君脸一红，只好拱手作别了。

郑板桥巧妙地利用李卿的"卿"与现成话"卿本佳人，奈何做贼"的"卿"字同音同义关系，委婉含蓄地拒绝了李君的求情，既坚持了原则，又不使对方太过难堪。

3. 另指出路式

当你对朋友的要求感到力不从心或者不乐意接受的时候，你可以采用另指出路的办法以解决问题。

李丽当上某银行人事处处长后，就忙了起来，很多人都登门来求她帮忙，这让她很是头疼。有一天，又有人来到李丽家，这次来的人是她的老同学。"我儿子大学毕业一年了，工作一直不顺心，想换工作，所以来找老朋友想想办法。"老同学开门见山地说。"他学的是什么专业？"老同学把儿子的资料递给李丽，看过资料后，李丽知道自己帮不了，因为不仅专业不对口，这个孩子的外语水平也不行，这明显不符合银行的要求。但是李丽也清楚，不能直接拒绝，否则就太不给老同学面子了。"真是不巧，我们最近没有招聘人的计划，不过你别担心，我认识一个朋友，他那里似乎在招人。"说完，李丽把朋友的联系方式抄了一份交给老同学。虽然没有办成事，但那个老同学还是很感谢李丽。

总之，学会拒绝的技巧，既可减少许多心理上的紧张和压力，又可使自己表现出人格的独特性，也不会使自己在人际交往中陷于被动，有利于处理好人与人之间的关系。拒绝之道运用得好，可以达到文雅得体、幽然含蓄、弦外有音、余味无穷的奇妙境地。

模糊表态，也可以把话说得很妙

模糊表态在实际表达中也很重要，常用于不必要、不可能或不便于把话说得太实、太死板的情况。在交谈中，模糊表态可以委婉地表达你的意见，有时可以达到意想不到的效果。

清朝的嘉庆皇帝，登位后准备对前代的一些遗留问题进行处理，还准备破格提拔几位曾为前朝做过贡献却被奸臣排挤、打击的官员。但这破格提拔的事在清朝没有先例，群臣反应不一。嘉庆皇帝拿不定主意，便问老臣纪昀。纪昀沉吟片刻，说："陛下，老臣承蒙先帝器重，做官已数十年了。从政，从未有人敢以重金贿赂我；撰文著述，也不收厚礼，什么原因呢？这只是因为我不谋私、不贪财。但是有一样例外，若是亲友有丧，要求老臣为之主事或做墓志铭，他们所馈赠的礼金，不论多少厚薄，老臣是从不拒绝的。"

嘉庆皇帝听完纪昀一席话感到莫名其妙，仔细一想，才点头称许，于是下了破格提拔这批官员的决心。

原因何在呢？原来纪昀是用模糊之法，提出自己赞成皇帝应该放下包袱，大胆去做的建议。纪昀的这番话听起来答非所问，但细究起来里面大有文章。既然为官清廉，为什么对亲友之丧事主事、做铭所得概不拒绝呢？为祖宗推恩无所顾忌之故也。您嘉庆皇帝破格提拔曾为先帝做过突出贡献的官员，也是在为祖宗推恩，弘扬先帝的宏德，没有什么不对的，那还有什么顾忌呢？这不正和我纪昀为别人主事、做铭不辞让馈赠，好让死者的后人为死者尽孝的道理一样吗？嘉庆皇帝是聪慧之人，怎会悟不出其中的寓意。

纪昀为何如此含糊其辞呢？主要出于两种考虑：其一，虽然建议破格提拔这些官员，但不可明说，不管采纳与否，名义上自己都没有介入，皇帝也好，其他人也好，抓不着把柄；其二，嘉庆皇帝秉性聪明，且一向爱自作主张。不说吧，自己的意见皇帝不清楚，而且皇帝会不高兴。倘若说白了，恐有教导皇帝、不自量力之意，这样就起了反面作用。不如用此模糊之法，让皇帝自己悟出道理来，既说出了自己的意见，又迎合了皇帝好自作主张的秉性。纪昀此"糊涂"之言，可谓一举两得。

有时候，话说得过于明白真实反而不会达到好的效果。如果能够说得含糊一点，反而会起到更好的效果。当面对领导的提问时，含糊地表明自己的态度和观点，这样说话既不得罪人，又可保全自身，实在是一种难得的智慧。

在工作中，我们经常会碰到一些不能回答但又不得不回答的事情，这时候可以巧妙地使用模糊的语言进行对答。比如，领导向你询问一些不在你工作范畴内或者你并不熟悉的问题，你不知道该如何回答时，最好还是不要说不知道。你可以对领导说："让我再认真想一想，过一会儿给您答复好吗？"这样，巧妙回避了你不了解的情况和不知道的事，之后再询问其他人或者查找相关的资料。这不仅能暂时为你解危，也能让领导认为你在这件事情上很用心、很认真。不过，事后可不能懈怠，要及时向领导做出答复。

据说，乾隆皇帝有一次突然问刘墉："京城共有多少人？"刘墉猝不及防，却非常冷静地回了一句："只有两人。"乾隆问："此话怎讲？"刘墉答曰："人再多，也只有男女两种，所以只有两人。"皇帝又问："今年京城里有几人出生？有几人去世？"刘墉回答："只有一人出生，却有十二人去世。"乾隆问："这又是何意？"刘墉妙答道："今年出生的人再多，也都是一个属相，岂不是只出世一人？今年去世的人则十二种属相皆有，岂不是死去十二人？"乾隆听了大笑，连连说妙。

确实，刘墉的回答极妙，皇上发问，不回答显然不妥，答吧，心中无数又不能乱侃，刘墉急中生智，以含糊的回避转移法趣对皇上，结果赢得皇上的好评。

在生活或工作中，并不是什么时候都需要明明白白的，在某些特定的场合，出于某种特别的考虑，说得含含糊糊一点儿效果反而更好。特别是当领导对你提出请求或回答领导的问题时，做出间接、含蓄、灵活的表态，不直接拒绝或否定，既能保全双方的面子，为自己以后的行事多留条后路，又可避免最后事与愿违的尴尬和后续责任的承担。

然而，这并不是说凡事都得模糊表态。该明确表态的，也含糊其辞，那是十分错误的。那么，遇到什么样的问题，在什么样的情况下，宜用模糊表态的方式呢？

1. 受情势所迫时

有些事情碍于某种情势或某种关系，不便把话挑明，此时你可以说："这件事比较棘手，让我看看再说。"这样就给自己以后的态度留下了回旋的余地。

2. 事态不明朗时

当事情处于发展变化的初期，实质性的问题尚未表露出来，这时就需要利用模糊语言来应对，切不可贸然行事、信口开河地去下结论。

总之，模糊语言能给自己留下一个仔细考虑、慎重决策的余地。否则，君子一言，驷马难追，直白表态不仅会影响自己的威信和声誉，还会对事业、对人际关系造成不应有的损害。

直言伤人伤己，婉言利人利己

其实直言直语本来是人性中一种很可爱、很值得大家珍惜的特质，因为正是这种直言直语，才让是非得以分明，让正义邪恶得以分明，让美和丑得以分明，让人的优缺点得以分明。但在人性丛林里，这种看似不说谎的直言直语却是一个人的致命伤。

如果你不掩饰自己的情绪，不管什么场合，也不问对象是谁，不考虑说话后果，心里有什么就说什么，直来直去，想说啥就说啥，结果就会在无意中得罪别人。

直爽、坦诚，虽然是一种优点。但如果说话过于直接，任何情况下都实话实说，常常会得罪人，让自己成为不受欢迎的人。特别是在职场中，有些人快言快语，有什么说什么，口无禁忌，嘴无遮拦，不分场合，不看谈话对象，一律口对着心，心里想什么就说什么，这是语言的大忌。所以，不讲究方式的直言快语，往往会带来不良的后果。

北宋时期的寇准，是我们所熟悉、所尊敬的一位好官、高官。处理国家大事，他游刃有余。但是与性格不合、政见不同的同事相处，他却吃尽了说话过于直爽的苦头。最典型的是对待副参知政事丁谓。《资治通鉴》记载了这样一个故事：

丁谓任中书官职时，对寇准非常恭谨。一次会餐，寇准的胡子不小心沾了汤汁，丁谓站起来慢慢替他擦干净。寇准讽刺说："你身为朝中大臣，就是替我擦胡须的吗？"丁谓自此记恨寇准。

寇准的话看上去是玩笑，但实际上却是一种过于直爽的讽刺挖苦。官场中下级拍上级马屁本是平常事，但是如果上级当众不领情，甚至讽刺挖苦，下级便觉得扫面子。寇准所犯错误就是如此。自此，丁谓"倾构（全力诋毁）"寇准，并且和王钦若、曹利用等同样受过寇准谩骂、讽刺、挖苦的大官结成同盟，共同对付寇准，经常在皇帝面前说寇准的坏话。最后连皇帝也觉得寇准不会讲话了，寇准政治生涯也随之结束，并且一而再、再而三被流放，直至客死雷州。

寇准的悲剧，根源就是没有管好自己的嘴，说话太直。

直言不讳刺激性大，容易伤害对方的自尊，得罪人，造成许多矛盾；委婉的话有礼貌，比较得体，听了轻松自在，愉快舒畅。"良言一句三冬暖，恶语伤人六月寒"。同是讲真话，委婉语属于良言，直言不讳的话虽不一定算是恶语，但某些人却认为很逆耳，跟恶语差不多。我们提倡忠言不可逆耳，理直不可气壮。就是说，"忠言"和"理直"都要注意用恰当的方式表达，不可图说话痛快。

南朝齐代有个著名的书画家叫王僧虔，他的一手隶书写得如行云流水般飘逸。

当朝皇上齐高帝也是一个翰墨高手，而且自命不凡，不乐意听别人说自己的书法低于臣子，王僧虔因此很受拘束，不敢显露才能。

一天，齐高帝提出要和王僧虔比试书法高低。于是君臣二人都认真写完了一幅字。写毕，齐高帝傲然问王僧虔："你说，谁为第一，谁为第二？"

若是一般的大臣，当然立即回答说"陛下第一"或"臣不如也"。但王僧虔也不愿贬低自己，明明自己的书法高于皇帝，为什么要违心地回答呢？但他又不敢得罪皇帝，怎么办？王僧虔眼珠子一转，竟说出一句流传千古的绝妙答词："臣书，臣中第一；陛下书，帝中第一。"

他巧妙地把臣子与皇帝的书法比赛分为两组，即"臣组"和"帝组"，并对之加以评比，既给皇帝戴了一顶高帽子，说他的书法是"皇帝中的第一"，满足了皇帝的冠军欲，又维护了自己的荣誉，使皇帝更敬重自己的风骨，觉得自己不是那种专门拍马屁的人。

果真，齐高帝听了，哈哈大笑，再也不追问两人到底谁为第一了。

在语言表达中，有的时候直来直去地说话并不能取得很好的效果，而婉言却能达到最终目的。对于不宜直言的问题，绕个弯儿说话，有时会让自己化险为夷，起到意想不到的效果。善于运用此法的人，既不得罪人，又达到了自己的目的，可谓是说话的大智慧。

总之，委婉说话不仅是一种策略，也是一门待人处事的艺术。作为一个现代人，应当有这种文明意识，掌握这一有利于待人处事的语言表达方式。

下篇：说话实战，解析各种情景

第一章　处世妙语：把话说得滴水不漏才成功

玩笑可以开，但不要太过火

常言道：笑一笑，十年少。和朋友谈话时，开个得体的玩笑，相互取乐，说话不受拘束，原是一件让人高兴的事，不但可以放松身心，活跃气氛，还能够创造出一个轻松愉快的环境。不过有些人却自以为聪明，随意开玩笑，导致朋友不快。

小张、小李在同一个单位上班，平时两人关系不错，有时也爱开开玩笑。今年愚人节这一天，小张给小李开了个玩笑，就是因为没有把握好度，致使两人的关系变僵。

这一天，小张上气不接下气地跑到小李那里，紧张地说："小李，你弟弟在单位出事了！"小李一听紧张得浑身发抖，赶紧往他弟弟的单位打电话，结果弄得对方单位的人莫名其妙，他弟弟好好地在单位上班，什么事情也没有。小李后来才知道这是小张在愚人节给他开的一个玩笑，他对小张的这个玩笑非常不满，而小张却不以为然，以为仅仅是一个玩笑而已。两个人因此发生争执，后来差点动手。

开玩笑要适度，像小张这样就是没有把握好度，才造成了现在的结果。生活中这样的事并不少见，因一句玩笑话而闹矛盾，有的甚至大打出手。对于这些，我们应该引以为戒。所以，开玩笑要掌握好尺度，否则不但达不到良好的效果，还会让人尴尬，这样的玩笑不如不开。

肖晓与林雨是一对好姐妹，从高中开始就是同学。其中，林雨很胖，但也很可爱，屡次减肥都以失败告终，所以，胖成为林雨最烦心的事情，同时也是大家开玩笑的话题。因为大家都比较熟悉．林雨也就不往心里去，久而久之，林雨也习以为常了。

有一次，五年一次的同学聚会，肖晓与林雨都参加了，五年过去了，昔日的同学都有了很大的变化，然而林雨却没有什么变化，依然还是胖胖的。在聚餐的时候，同学们都讲述着自己这几年有意思的事情，大家也非常开心。此时有一位同学对肖晓说："肖晓，你比较瘦哦，以后要多注意饮食，要向林雨冲刺。"大家都笑了，肖晓又开玩笑地说："林雨可值钱了，论斤卖肯定贵，现在肉价那么贵。"此话一出，大家笑得更厉害了，只有林雨很无奈，便生气地走了。

事后，肖晓也觉得自己的玩笑开大了，私下里怎么说都可以，那次聚会毕竟是公共场合，但是后悔也来不及了。

从上面的事例可以看出，玩笑是分场合、对象的，不能胡乱调侃，一定要掌握好度。否则，你的玩笑就有可能会变成嘲笑。因此在与他人开玩笑时，要讲究分寸。

开玩笑时要注意以下问题：

1. 莫板着脸开玩笑

幽默的最高境界，往往是幽默大师自己不笑，把别人逗得前俯后仰。如果你达不到这种境界，那你就不要板着面孔与别人开玩笑，免得引起不必要的误会。

2. 开玩笑要看时间

俗话说："人逢喜事精神爽。"开玩笑，最好选择在对方心情舒畅时，或者当对方因小事生气时，通过开玩笑把对方的情绪扭转过来。

3. 开玩笑要分清对象

俗话说："人上一百，形形色色。"开玩笑之前，你先要注意你所面对的对象是否能受得起你的玩笑。同样一个玩笑，能对甲开，不一定能对乙开。人的身份、性格、心情不同，对玩笑的承受能力也不同。

一般来说，后辈不宜同前辈开玩笑；下级不宜同上级开玩笑；男性不宜同女性开玩笑。

在同辈人之间开玩笑，则要掌握对方的性格情绪信息。对方性格外向，能宽容忍耐，玩笑稍微过点也能得到谅解。对方性格内向，喜欢琢磨言外之意，开玩笑就应该慎重。对方尽管平时生性开朗，但正好碰上不愉快或伤心事，就不能随便与之开玩笑。相反，对方性格内向，但正好喜事临门，此时与他开个玩笑，效果会出乎意料的好。

4. 掌握好内容的底线

适当开玩笑是可以的，但一定不要拿别人的缺点或不足开玩笑。如果你随意取笑别人的缺点，就容易让对方觉得你是在冷嘲热讽。如果对方是个比较敏感的人，你一句无心的话就可能触怒对方，使彼此的关系变得紧张。一定要注意，这种玩笑话一旦说出去，就无法收回，也无法郑重地解释。到那个时候，再后悔也来不及了。不要祸从口出，否则你会后悔莫及。

开玩笑是生活的一支润滑剂，它能让人身心愉悦，让人忘记疲劳，也是增进人与人情感的一种方式，但一定要记住：开玩笑要看对象、时间、场合环境和玩笑的内容，开玩笑一定要把握好分寸，这个度把握好了，相信你一定会成为大家都喜欢的人。

临危不乱，巧言应对难回答的问题

生活中，我们难免会遇到一些尴尬的事情。例如，在公共场合，有人提起一件你讳莫如深的往事，有恃无恐地出你的丑，或是公开你的隐私，或是阔谈你干过的傻事和闹出的笑话。面对这些无理的行为，你不可为一句羞辱的话失去理智。你应遵循的一个原则就是控制情绪，保持冷静。只有这样，才能稳操胜券，才能巧妙地应对。

以下几种方法可帮你从容应对这些难回答的问题。

1. 模糊应对法

人际交往中，常常会遇到一些难以回答的敏感问题，使你处于难堪的窘境。此时，运用模糊语言不失为应对敏感话题的一种良策。

模糊应对法可使人在进退两难的窘境中得以进退自如。

有一个青年陪伴未婚妻和她的母亲在湖里划船。未婚妻的母亲一时触景生情，有意试探地问小伙子："如果我和女儿不小心一起落到水里，你打算先救谁呢？"这是一个两难选择的问题，回答先救哪一个都不妥。此时，母女二人都瞧着他，等待回答。青年人思索后回答："我先救……未来的妈妈。"母女俩一听，脸上都露出了满意的笑容。"未来的妈妈"模棱两可，一语双关，恰到好处。

模糊应对就是这样，它在应对刁难时，令人捉摸不透说话者的真正内涵。它总是给人似是而非、雾里看花的感觉。同时由于模糊，使得语言具有伸缩性、变通性，当遇到在一定条件下很难解决的问题时，变不可能为可能。

2. 幽默解围法

杜罗夫是俄罗斯一位著名的丑角演员。

在一次演出幕间休息的时候，一位很傲慢的观众走到他的身边，讥讽道："丑角先生，观众对你非常欢迎吧？"

"是的。"

"要想在马戏班里受到欢迎，丑角是不是就必须具有一个愚蠢而又丑怪的脸蛋呢？"

听到此话，很多人围了过来。

"确实如此。"杜罗夫明白了这位观众的恶意，立即回答说，"如果我能生一个像先生您那样的脸蛋的话，我准能拿到双薪。"

这位傲慢观众的脸蛋，同杜罗夫能否拿双薪，本无丝毫内在联系，但幽

105

默的杜罗夫却巧妙地把它们牵扯在一起，轻松地为自己解了围。

3.答非所问法

答非所问，是回答提问的一种回避战术。对方提出问题，希望我们做出明确的回答，我们却不愿意回答他的问题，这时，我们可以巧妙地转移话题，答非所问，让对方无法得到想要得到的答案。

日本影星中野良子来到上海，有人问她："你准备什么时候结婚？"中野良子笑着说："如果我结婚，就到中国度蜜月。"

中野良子的婚姻是个人隐私，中野良子自然不愿吐露。她虽然没有告诉婚期，却说结婚到中国度蜜月，既躲避了尴尬，又表现了她对中国人民的友谊。

4. 避其锋芒法

有时双方意见不合，不要一味地继续下去，否则将会发生争吵，此时不如将问题绕过去，暂时避其锋芒。

在找对象问题上，一对母女意见不合，产生了矛盾。女儿不愿意也不能和母亲闹僵，只好等待时机再说。这天吃饭时，母亲又唠叨起来："你也25岁了，不小了，我像你这么大的时候，你姐姐都3岁了。人家王局长的儿子个高，长得又精神，还有现成的房子，为什么看不上呢？""妈，这个红烧茄子是不是隔壁李阿姨教你做的？怎么颜色不好看，你过来看看。"

女儿有意回避话题，于是采取了"碰到红灯绕道走"的办法。

瘸子面前不说短，不要揭他人之短

俗话说得好："打人不打脸，揭人不揭短。"每一个人都有自尊，谁都不希望别人拿自己的短处来说事。如果你认为自己的脸面重要，自己的自尊不容被侵犯，那就请你说话的时候同样重视和顾及别人的脸面和自尊，避开言语雷区，千万不要戳人痛处。

有一个年轻人从小就失去双臂，只好用脚代替手来打理自己的生活，并凭着自己的努力练出用脚趾头夹笔写字作画的本领，成为一名画家。有一次，他开画展，一位观展者问他："你是靠脚趾头成名的，那么对你来说，是脚有用还是手有用？"

这个问题很不礼貌，同时也戳到了画家的痛处，他十分恼怒，于是反问道："维纳斯雕像是以断臂出名的，你说她是有胳膊美还是没胳膊美？"一句话堵得对方瞠目结舌，尴尬地走开了。

揭人伤疤、伤人自尊是一件损人不利己的事。特别是对于那些生理上有缺陷或是家庭不幸的人，他们本身就已经很痛苦了，如果你再雪上加霜触及他人的痛处，只会让对方感觉更痛苦，所以，与人交谈，应该照顾别人的感受，尽量注意语言说辞，否则，只会让你处处树敌，四面楚歌。

　　明太祖朱元璋出身贫寒，做了皇帝后自然少不了有昔日的穷哥们儿来找他。这些人满以为朱元璋会念在昔日共同受罪的情分上给他们封个一官半职，谁知朱元璋最忌讳别人揭他的老底，以为那样会有损自己的威信，因此对来访者大都拒而不见。

　　有位朱元璋儿时一块光屁股长大的好友，千里迢迢从老家凤阳赶到南京，几经周折总算进了皇宫。一见面，这位老兄便当着文武百官大叫大嚷起来："哎呀，朱老四，你当了皇帝可真威风呀！还认得我吗？当年咱俩可是一块儿光着屁股玩耍，你干了坏事总是让我替你挨打。记得有一次咱俩一块偷豆子吃，背着大人用破瓦罐煮，豆还没煮熟你就先抢起来，结果把瓦罐都打烂了，豆子撒了一地。你吃得太急，豆子卡在嗓子眼儿还是我帮你弄出来的。怎么，不记得啦？"

　　这位老兄还在那喋喋不休唠叨个没完，宝座上的朱元璋再也坐不住了，心想此人太不知趣，居然当着文武百官的面揭我的短处，让我这个当皇帝的脸往哪儿搁。盛怒之下，朱元璋下令把这个穷哥们儿杀了。这就是戳人痛处的下场。

　　常言道："人活脸，树活皮。"从心理学的角度讲，人人都有自尊心，维护自尊是人的天性。无论一个人的出身、地位、权势、风度多么傲人，也都有不能被别人言及、不能冒犯的地方，这个地方就是这个人的雷区。要想与他人友好相处，就要尽量体谅他人，维护他人的自尊，避开言语雷区。

公元前592年，晋国大夫郤克在访问鲁国之后，又与鲁国的大夫季孙行父一起去齐国拜访。两人到达齐国后，又与卫国的使臣孙良夫，曹国的使臣公子手不期而遇。所以四位使臣结伴而行，一起到达了齐国的国都临淄。

非常凑巧的是，这四位使臣生理上都有一些缺陷：晋国的郤克只有一只眼睛，鲁国的季孙行父头上没长头发，卫国的孙良夫一条腿有残疾，曹国的公子手先天驼背。齐顷公在接见了他们四位之后，回到后宫把这四个人的外貌向他母亲萧太后叙述了一番。萧太后好奇心特别重，非要去看一看不可。而齐顷公为了博得其母欢心，准备戏弄这四位使臣一番。他让人从城内找来一个独眼龙，一个秃子，一个瘸子，一个罗锅，分别对号入座为四位来宾驭车，定于第二天到花园做客。上卿国佐谏曰：国家之间的外交不是儿戏，人家朝聘修好而来，我们应该以礼相待，千万不要嘲笑人家。可是齐顷公仗着自己国大兵多，别的国家对其无可奈何，遂不听劝告。第二天，当四位使臣在四位齐国仆人的陪同下，经过萧太后居住的楼台之下时，萧太后与宫女们启帷观望，不禁哈哈大笑。郤克起初见给他驭车的人也是一只眼睛，以为是偶然巧合，没有在意，等听到嘲笑声后才恍然大悟，原来齐顷公在戏弄他们。

他草草饮了几杯之后，便同三国使臣回到馆舍。当他知道台上嬉笑的是太后后，不由得火冒三丈。其他三位使臣也愤愤地说："我们好意来访，齐顷公竟把我们当笑料供妇人们开心，真可恨至极！"于是四国使臣歃血为盟，对天起誓，决心协力同心，伐齐报仇。第二年，齐国借口鲁国归附晋国，出兵伐鲁，并顺手牵羊，在卫国边境地区捞了一把。晋国为了保住霸主的地位，来了个新账旧账一起算，汇集四国军队大举伐齐，打到了临淄城下，最终逼迫齐国签订了盟约。

因戏客而引起了战乱，甚至差一点遭到灭国，教训很深刻，也发人深省。

我们常说"瘸子面前不说短"、"胖子面前不提肥"、"东施面前不言丑"，对让人失意之事应尽量地避而不谈。人人都有各自不同的成长经历，都有自己的缺陷、弱点，也许是生理上的，也许是隐藏在内心深处不堪回首的经历，这些都是他们不愿提及的伤疤，是他们在社交场合极力隐藏和回避的问题。被击中痛处，对任何人来说，都不是一件令人愉快的事。尤其是他人身上的缺陷，千万不能用侮辱性的言语加以攻击。无论是什么人，只要你触及了这块伤疤，他都会采取一定的方法进行反击。他们都想获求一种心理上的平衡。所以说，我们要极力避免说别人的短处，否则不仅使别人的尊严受到损害，而且还表现出你较低的素质。

言多必失，请管好自己的嘴

俗话说得好："病从口入，祸从口出。"能否管好自己的嘴，是一个人自身素质是否成熟的重要标志。

我们每个人都有一张嘴，这张嘴除了吃饭，那便是说话了。人一生中要说很多很多的话，有些话能给别人带来温暖，给自己带来好处；有些话于人于己都是烦恼，甚至有损于自己的形象。

有个人请客，看看时间过了，还有一大半的客人没来。主人心里很焦急，便说："怎么搞的，该来的客人还不来？"一些敏感的客人听到了，心想："该来的没来，那我们是不该来的喽？"于是悄悄地走了。主人一看又走掉好几位客人，越发着急了，便说："怎么这些不该走的客人，反倒走了呢？"剩下的客人一听，又想："走了的是不该走的，那我们这些没走的倒是该走的了。"于是又都走了。最后只剩下一个跟主人较亲近的朋友，看了这种尴尬的场面，就劝他说："你说话前应该先考虑一下，否则说错了，就不容易收回来了。"主人大叫冤枉，急忙解释说："我并不是叫他们走啊！"朋友听了大为光火，说："不是叫他们走，那就是叫我走喽！"说完，头也不回地离开了。

上例中请客的人不懂得说话的艺术，不知道在什么场合该说什么话，反而因为自己的无意而伤了人。

三思而后行，这句古话说得确实不错。我们都知道祸从口出，假如没有经过考虑直接说出口很容易产生一些不好的后果。因此，要懂得对自己说的话负责任，不要想到什么就说什么，等说出去了再开始后悔，到那时候已经晚了。

蜀汉建兴十二年，诸葛亮举兵伐魏。开始的时候，几战皆告捷，士气正旺。而当时还是大将军的司马懿则是坚守城池，不与蜀军正面交锋。诸葛亮屡次击战鼓要求应战，司马懿都不理会。自此，陷入僵局。

聪明的诸葛亮，派遣了使者送女人的衣服给司马懿，讽刺他像个女人一样，畏畏缩缩，不敢决一雌雄，是一个胆小如鼠的男人。气得司马懿几乎吐血。但是，这司马懿也是一个有非凡才能的人物，他不动声色，反而笑着问使者："亮说我像女人，我就是女人。我像女人一样啰唆地问一句，不知道亮最近吃睡如何？"使者在毫无警觉心之下，说出了实情："我们丞相勤于政事。事情不管大小都要亲自过问，而且吃得很少。"

平常的一句话，司马懿听了却非常高兴。知道如此下去，诸葛亮肯定撑不了多久，就百般忍让诸葛亮的诸多挑衅与侮辱，甚至完全当没有听到。诸葛亮终于因为操劳过度，病倒在五丈原。蜀军伐魏大业痛失好局，只能班师回朝。最后，诸葛亮病逝。送信使者的一句话间接地帮助了敌人。如果没有让司马懿得知诸葛亮的生活作息状况，惹急了司马懿派兵应战，以当时蜀军的气势，就不至于三国尽归司马懿了。

很多时候，自己的嘴巴会给自己惹来不少的麻烦。言多必失，古人的遗训想来是有道理的。古人讲慎言，就是说人说话要多加考虑，切不可信口开河，不知深浅，没有轻重。所以，聪明的人在说话前应该三缄其口，应该说的话则说，不应该说的话绝对不能说。

王丽大学毕业后，应聘到一家私营企业做销售主管。她有种初生牛犊不怕虎的精神，在工作上很有冲劲儿，经常会冒出一些闪光的好点子，上司因此很器重她。

在公司召开的各种会议上，王丽总是滔滔不绝。她不仅针对自己部门的事情提出各种看法，还对其他部门提建议。有一次，王丽的部门准备开会，但到了会议室才发现另外的部门正在讨论问题，王丽就跑了进去，大谈特谈自己的观点，言语间难免露出骄傲的表情。这番指手画脚的评论引起了这个部门同事的反感，再加上她一贯的自负，同事联名在经理面前告了她一状。

由此可见，管不住自己的嘴的人，不仅容易伤人，而且容易惹祸。可以毫不夸张地说，一张嘴很可能决定了一个人的生活及事业的优劣成败。慎言不是不说话，慎言是该说话时就说，不该说话时就不要说。

说话是学问，会说话更是学问。一个受人喜欢的人，别人夸奖他往往说这个人会说话。可见，会说话不仅是一个人的优点，还是对一个人为人处世有方法不莽撞的褒奖。相反，不会说话就会犯下错误。祸从口出，言多必失，不会说话、多说话都不是明智的行为，不仅会招来别人的反感，甚至还会给你带来沉重的打击。

现实生活中，不少人可能都有祸从口出的经历，要想断除口祸，就要学会下面这几点：

1. 不妄语

人要"口出有实"、"言而有信"，不能随便承诺自己无法做到的事，说话诚实者能取得他人的信赖尊重，而妄语者则无法取信于人。

2. 不恶口

恶语者败坏人格，令人讨厌。我们应该学会培养慈言爱语，理直气柔，并得理饶人，话多不如话少，话少不如话好，对别人说些好话，会令人产生舒服的感觉。

3. 不两舌

搬弄是非生事端，使别人之间的感情破裂，是不道德的行为，要学会不道人短，能隐恶扬善，这样才会获得好人缘。

4. 不绮语

就是指不违背良心说好听的话，不为自己的利益用甜蜜的口舌迷惑别人，所谓"巧言令色鲜矣仁"就是要懂得唯有真实话语才能感动他人。

失意人前莫说得意话

生活中，不少人总喜欢在他人面前炫耀自己的得意之事，总以为这样就会让自己有优越感，让自己的脸上有光，别人也会高看自己，甚至是敬佩自己，这是个浅薄的认识。殊不知，别人并不愿意听你的得意之事，自我炫耀效果反而适得其反。因为你的得意衬托出了别人的失意，甚至会让对方认为你炫耀自己的得意之事是在嘲笑他的无能，让他产生一种被比下去的感觉，特别是失意的人，你在他面前炫耀自己的得意之事，他会更恼火，甚至讨厌你。

周末，李潇约了几个哥们在家里聚会，他希望借着热闹的气氛，让情绪低落的宋浩放松一点。

宋浩不久前刚刚下岗，妻子也因为感情问题和他闹离婚。他现在是内忧外患，不堪重负。哥几个都知道宋浩目前的处境，因此都避免去触及与此有关的事。可是，其中一位酒一下肚，就口不择言了，一会说自己工作上顺风顺水，一会又说自己的妻子如何贤惠，说到兴处还手舞足蹈，得意之情溢于言表，这让在场的人都感觉不舒服。

情绪低落的宋浩更是面色难看，低头不语，一会儿去洗脸，一会儿去上厕所。最后实在听不下去了，就找了个借口提前离开了。他跟送他走的李潇生气地说："他有必要在我面前炫耀工作好、妻子贤惠吗！"

不要在别人面前炫耀你的得意，没人愿意听这样的消息，如果正好有生活不顺的朋友在场，你的炫耀会令他雪上加霜。即使大家的心情都很好，如果你只顾炫耀自己的得意事，而不给别人谈论的机会，也会招人反感。聪明人会将自己的得意放在心里，而不是放在嘴上，更不会把它当作炫耀的资本。所以，当你和朋友交谈时，最好多谈他关心和得意的事，这样可以赢得对方的好感和认同，从而加深你们之间的感情。

一个星期前，刘慧就对王芳和其他同事说，她生日的时候，老公要送她一件神秘礼物。可事不凑巧，生日那天，老公恰好到外地出差，因此她什么都没收到，感觉很没面子，本来就郁郁寡欢，谁知下午刚到办公室，王芳就对刘慧炫耀起来："看我这钻戒，漂亮吧，我老公特地托朋友从香港买的，足足3克拉，花了好几万呢，刚才神神秘秘把我叫出去，原来是要给我个惊喜，你说也不是生日，也不是什么纪念日，好端端的送这干吗啊？"边说还边不识趣地竖起了手指，一脸扬扬得意的样子。本指望刘慧能说几句羡慕的话，谁知刘慧面无表情地看了她一眼，什么都没说，王芳无趣地愣在那里，尴尬万分。

在生日时没有收到任何礼物的刘慧面前，王芳不合时宜地炫耀老公给她买的钻石戒指，无异于在刘慧的伤口上撒盐，刘慧听了自然不悦，她以沉默来对抗，恰恰给了王芳一个最有力的回击。王芳炫耀显摆的结果只能是伤了别人又伤自己。其实，得意之事人人有，炫耀显摆却没必要，尤其不可在失意痛苦之人面前炫耀，那就好比火上浇油，加深他人痛苦的同时，终究也会自取其辱。

我们不妨扪心自问，当自己失意时，他人在我们面前大谈自己的得意之事，我们是不是也会觉得心里不舒服或是很难受，所以我们要学会换位思考，失意人前，不说得意之事。懂得这个道理，拥有了这份情怀，我们才能正确处理人际关系。

第二章 职场妙语：舌吐芬芳才能游刃职场

与同事说话要讲究技巧

在职场，与同事交流和合作都离不开语言，如果不注意说话的场合、内容和分寸，往往容易招惹是非，授人以柄，不但影响自己的形象和与同事间的团结，还会给工作带来诸多不便。因此，与同事交流时，良好的语言沟通是非常重要的。

一次，余小姐和几个同事一起去参加省里的业务考试，当她走进考场时，只见自己的桌子上有三个大钉子分布成三角形排列在桌面上，而且突出桌面很高。如果不注意，不仅会刮破衣服，还会影响答题。余小姐一脸怒气地要求监考老师换桌子，可监考老师说："现在不能换，别违反考场纪律！"余小姐气得柳眉倒竖，连说："真倒霉，不考了。"这时，一位同事见了忙打圆场说："有几个钉子算什么！"余小姐说："你说得轻松，这可是三个钉子，躲都躲不过去。"这位同事说："你太幸运了，我还求之不得呢。"余小姐说："你别拿我开心了，这么倒霉的事要让你碰上，你还能说幸运？"同事说："你知道这三颗钉子说明什么吗，这叫板上钉钉！说明你今天的三科考试铁定了都能过关。"余小姐听后马上转怒为喜："借你的吉言，我今天要是三科都及格了，就请你吃饭。"

这位同事是个会说话的人，他巧妙地把人们常说的"板上钉钉"与三科考试联系在一起，这样一来，不仅平息了余小姐的怒气，还给了她积极的联想，使她在愉快的心境下参加考试。试想一下，假如是你，你会不喜欢这位同事吗？这样会说话、会用巧妙的语言宽慰和鼓励他人的人，不论走到哪里，都会受到别人的欢迎。

所以在和同事交往的时候，注意说话的技巧很重要。那么，在职场中，与同事交流到底都有哪些技巧呢？

1.多赞美同事

赞美是一种有效的交往技巧，它能有效地缩短人与人之间的心理距离。职场中，一句由衷的赞美，无形中就会增加同事对你的好感，拉近你们之间的距离。不论是同事穿了一件漂亮的衬衫，还是工作干得出色，你都可以赞美他。不要吝于赞美你的同事，因为赞美是最直接、最有效地使同事对你产生好感的方式之一。当然，你不能毫无原则地赞美同事，否则会给人一种不真诚的印象。

2.适当地运用幽默

为了活跃工作气氛，办公室里可能需要一些欢声笑语。你的一两句幽默话可能会起到这样的作用，但是你必须注意掌握开玩笑的分寸。

开玩笑时要注意场合。在专心工作的时间内，最好不要突然来一句幽默。这样不但违反纪律，而且会影响工作。开玩笑要适度。不要把玩笑开得过火，否则势必会给你和同事带来不利的影响。开玩笑还要分清对象，对不同的同事，应该有不同的对待。

3.用恳切的语言向同事求助

如果你碰巧有件棘手的工作，单靠自己的力量无法完成任务，便可以向熟悉业务的同事求助。此时，你千万别认为这是公事，别人一定会痛快地接受，并义不容辞地配合你，搞不好你会被一口回绝，或被婉拒，甚至以后不好意思再开口。那么究竟怎么开口向同事求助才能被对方愉快地接受而不至于被拒绝呢？比如，你可以说："小李，我这有个计划，自己实在搞不定了，拜托帮个忙吧。"假如对方面露难色地说："我这段时间也挺忙的，你还是看看别人有没有空，比如小张。"此时，你不妨给对方戴一顶高帽："小李，这个计划没你帮助确实是不行啊！"对方见你态度诚恳，为了不负自己的好名声，他很可能会答应帮忙。

不过，你需要记住一件事，就是求人办事之后，千万要记着答谢人家，否则以后就不会再有人愿意帮你的忙了。

4.与同事说话的忌讳

（1）不要刺探同事的隐私

人人都不希望别人知道自己的隐私。因此，为了不至于引起同事的反感和警惕，千万不要探听同事的隐私。

（2）不要命令同事

不论是在经验、学识还是在地位方面，你都没有资格去命令你的同事。如果你想得到同事的帮助，只有采用别的方法。

（3）不要过于张扬

不要在同事面前显得自己多么与众不同。实际上，每个人都会认为自己与众不同。因此，应该保持低调、谦虚的态度。只有这样你才会得到同事的认同。

（4）闲谈时莫论人非

只要是人多的地方，就会有闲言碎语。有时，你可能不小心成为"放话"的人；有时，你也可能是别人攻击的对象。这些背后闲谈，比如领导喜欢谁、谁最吃得开、谁又有绯闻等就像噪声一样，影响人的工作情绪。聪明的你要懂得：该说的就勇敢地说，不该说的绝对不要乱说。

（5）避免争执

同事之间由于经历、立场等方面的差异，对同一个问题，往往会产生不同的看法，引起一些争论，一不小心就容易伤和气。因此，与同事有意见分歧时，一是不要过分争论。客观上，人接受新观点需要一个过程，主观上往往还伴有好面子、好争强夺胜心理，彼此之间谁也难服谁，此时如果过分争论，就容易激化矛盾而影响团结；二是不要一味以和为贵。即使涉及原则问题也不坚持、不争论，而是随波逐流，刻意掩盖矛盾。面对问题，特别是在发生分歧时要努力寻找共同点，争取求大同存小异。实在不能一致时，不妨冷处理，表明"我不能接受你们的观点，我保留我的意见"，让争论淡化，又不失自己的立场。

如何大胆地向领导提出加薪请求

在职场中，我们虽然不能简简单单地把收入直接等同于能力，但是收入毕竟是我们的工作能力或工作价值的一种反映，我们都渴望我们的工作成绩能够跟我们的收入成正比。当我们的业绩和收入不一致的时候，我们当然希望向领导表达出自己提升工资的愿望，但是这种提议就像一个雷区一样，需要我们在合适的时间、合适的地点，非常机智地向老板表达出来，才会让老板更容易接受，否则不但加薪不成，反而会引起老板的反感，甚至会因此被老板批评。

当然，在要求加薪之前，你要先打听一下，从事你这行的人有多少，有经验的人又有多少，这些人的薪水大概是多少。如果你的工作没有什么技术含量或者什么特色，随时都会有人补上你的缺口，那么你谈判的筹码就不会特别大。

最好是先找好退路。但是，即使你已经找好了退路，也不要对老板生硬地说："老板，你如果不给我加薪，我就跳槽。到时候看你这个部门还能不能顺利运作下去？"老板一般是不会忍受你这样的口气的。所以，在加薪谈判中，必须先称称自己的斤两，再决定开口加薪。

大学毕业后小敏在一家外贸公司工作，因为是第一份工作，所以格外珍惜。她工作很努力，上司对她的工作态度也很肯定，还多次表扬了她，却从没有提过给她升职加薪的事。一次偶然的机会，她得知和她一起进公司的一位女同事的工资早已是她的两倍，但是同事并未见得比自己优秀多少，她心里很不平衡。

于是，小敏来到上司的办公室，开门见山地表达了她的不满："老板，为什么小李没我优秀，工资却是我的两倍，如果你不给我加薪，我就辞职。"可上司并没有理会她的要求，她因此对工作失去了热情，开始敷衍应付起来。一个月后，上司把她的工作移交给了其他员工，大概是准备"清理门户"了。小敏也觉得再做下去也没什么意思，于是递交了辞呈。

只要你认为加薪是合理的，你就有权提出。但提出加薪时最好是巧妙地、有技巧地同老板交流自己的想法，就算万一不被老板接纳，也不会给自己留下难堪，以致影响日后的工作。所以说，和老板提加薪是一门技术活，不仅要注意条件和时机是否成熟，还要掌握一定的技巧。

首先，要有理有据。说服老板给你加薪确实不是一件易事，万一操纵不好，就有可能破坏自己在老板心中的良好形象，影响日后的工作。

因此，在开口向老板要求加薪时，最好先列出谈话要点，然后有理有据地展开。当他意识到给你加薪有百利而无一害，甚至还能憧憬到不久就能收获滚滚财源时，你的目的才能达到。

其次，要选择适当的时机。如果你选择在公司遇到麻烦或老板心情正郁闷的时候向老板提出加薪，结果可想而知。所以，选择适当的时机非常重要。

最好的时机是当老板沉浸在成功的喜悦中，或是他的家人有什么喜事而使他轻松愉快的时候。这时你向他提出适当的加薪要求他就比较容易接受。

再次，要了解公司的加薪时间。大多数公司是从第四季度开始做下一年预算的，因此会在第二年的年初加薪。公司一般不会在年终加薪，所以在年终向老板提出加薪不是一个明智的决定。根据经验，夏天也不是要求加薪的好时机。如果在春天没有获得加薪，那么在接下来的时间里就要努力工作，取得理想的业绩，这样到了秋天就可以顺理成章地提出加薪要求了。

最后，加薪可选择托人传话的方式。作为一般员工，你也许不会经常直接和老板打交道，但部门经理会对你了解得更多一些，而部门经理则是老板经常要召集开会的人之一。除此之外，老板身边也有比较亲近的人，通过他们转达你的加薪要求有时比你直接开口效果更好。当然这里你得把握好一个度，即能替你传话的人一定是了解你、理解你、同情你的人，这样他在传话的过程中就能把话说得婉转些、圆满些，即使遭到拒绝，见面时也不至于太尴尬，因为你毕竟没和老板正面交锋。

用赞美拉近与上司之间的距离

在职场中，出人头地，赢得上司的青睐，可以有很多种方法，但赞美上司是成为一个受欢迎的人的必备手段，是建立良好人际关系的基石，更是事业成功的良性催化剂。

赞美上司是一门比较特殊的艺术，如能恰当适宜地赞美上司，就会增加你与上司之间的感情，缩短与上司之间的距离。但在现实生活中，有很多人认为称赞上司就是巴结讨好、拍马溜须。其实赞美上司也是对上司的认可、支持和褒扬，是搞好上下级关系的润滑剂。没有哪一位领导不喜欢听赞美的话。

　　乾隆皇帝喜欢品茶、论诗，对茶道颇有见地，并引以为荣。有一天，宰相张廷玉精疲力竭地回到家刚想休息，乾隆忽然来造访，张廷玉感到莫大的荣幸，称赞乾隆道："臣在先帝手里办了13年差，从没有这个例，哪有皇上来看下臣的？"张廷玉深知乾隆好茶，命令把家里的陈年雪水挖出来煎茶给乾隆品尝。乾隆很高兴地招呼随从坐下："今儿个我们都是客，不要拘君臣之礼。生而论道品茗，不亦乐乎？"水开时，乾隆亲自泡茶，还讲了一番茶经，张廷玉听后由衷地赞美道："我哪里懂得这些，只知道吃茶可以解渴提神。一样的水和茶，却从没闻过这样的香味。"另一位大臣李卫也乘机称赞道："皇上圣学渊源，真叫人瞠目结舌，吃一口茶竟然有这么多的学问！"乾隆听后心花怒放，谈兴大发，从"茶乃水中君子、酒乃水中小人"开始论起"宽猛之道"。真是妙语连珠、滔滔不绝，众臣洗耳恭听。乾隆的话刚结束，张廷玉赞道："下臣在上书房办差几十年，两次丁忧都是夺情，只要不病，与圣祖、先帝算是朝夕相伴。午夜扪心，凭天良说话，私心里常也有圣祖宽，世宗严，一朝天子一朝臣这个想头。我为臣子的，尽忠尽职而已。对陛下的旨意，尽力往好处办，以为这就是贤能宰相。今儿个皇上这番宏论，从孔孟仁恕之道发端，譬讲三朝政纲，虽然只是3个字'趋中庸'，却发聋振聩，令人心目一开。皇上圣学，真是到了登峰造极的地步。"其他人也都随声附和，乾隆大大满足了一把。张廷玉和李卫作为乾隆的臣下，都深知乾隆对自己的杂经和宏论引以为豪。而张李二人便对其大加赞美。

赞美上司是与上司搞好关系的润滑剂。赞扬与欣赏上司的某个特点，意味着肯定这个特点。只要是优点、是长处，你可毫不顾忌地表示你的赞美之情。上司也是人，也需要从别人的评价中，了解自己的成就及在别人心目中的地位，当受到称赞时，他的自尊心会得到满足，并对称赞者产生好感。

赞美是一种艺术，如果运用得当，自然会取得意想不到的效果。为什么有些人赞美人总感觉像是在拍马屁，让人感觉不舒服，而有的人则往往能把话说到人的心坎里，让人感觉到对自己的赞美既动听又真诚。

春节将至，某公司经理决定发给每位职工500元过节奖金。员工陈小姐高兴地跳起来，对经理说："太好了，你想得真周到，我正好手头上缺钱用，这下子可派上用场了。"经理听后不但没有高兴起来，反而觉得陈小姐是个很自私、狭隘的人。而另一位员工张小姐却是这样称赞经理的："经理，不是我奉承你，大家都在暗地里对你翘大拇指，说您真会关心、体谅人，跟着您干算是找准头了。"

同样是称赞的话，却产生了不同的效果。可见，赞美上司要注意方式、方法，否则不仅没有达到赞美的效果，还容易得罪上司。

赞美是一门微妙的艺术，赞美上司时，有以下讲究。

1. 赞美要真诚

赞美上司绝不是刻意吹捧、阿谀奉承，更不是言不由衷、虚情假意。否则，只会让上司感到肉麻，同时也折射出吹捧人背后可能隐藏着某种不良的动机。真诚的赞美应该是对上司的优点由衷欣赏和认可，并且是针对上司的某种具体业绩和行为来展开的。让赞扬成为一种尊重上司的方式，一种肯定上司的态度，这样的赞扬才能真正有效。

2. 赞美要适时

恰到好处的赞美，是十分重要的。当你发现上司有值得赞美的地方时，就要善于及时大胆地赞美，千万不要错过机会；在上司升迁或受到嘉奖之时，送上一句赞语，就犹如锦上添花，其价值可抵万金，因为此时，上司的心情格外舒畅，如果再能听到一句真诚的夸赞，其欣喜之情可想而知。

3. 赞美要适度

赞美的尺度掌握得如何往往直接影响赞美的效果。恰如其分、点到为止的赞美才是真正的赞美。使用过多的华丽辞藻、过度的恭维、空洞的吹捧，只会使对方感到不舒服，不自在，甚至难受、肉麻、厌恶，其结果会适得其反。

4. 同一赞美的话语不要重复说

同样一句赞美之词，上司听第一遍可能会很开心，听第二遍可能就没有那么强烈，听十遍可能就会感到腻味。所以赞美上司的语言要多样化，可以从不同角度、不同方面赞美上司。

5. 掌握正确的内容

赞扬上司时，最要紧的是赞扬上司真正在乎的事情。上司不在乎的事情，你却不停地进行赞扬，难免会遭到上司的厌烦。比如：上司近期所取得的某项工作的成功，新任职的上司的第一次公开讲话，上司做出的被实践证明是完全正确的决策，上司子女的金榜题名，等等。这些常常是上司很在乎的事情，你可以进行恰当的赞扬。

对待不同性格的下属，采取不同的说话方式

人的心理很微妙，每个员工都有自己的思想，带着情绪的工作效率一定不会高到哪里去，所以及时沟通便成为每一位优秀管理者重要的艺术必修课。

针对各色各样的员工，管理者要学会采取不同的说话方式，既要做到刚正不阿，又要善于曲径通幽。

管理者对待不同性格的下属，要采取不同的说话方式。

1. 对待高傲型员工

对这种清高自傲、目中无人的员工，可以冷静地和他交谈，就事论事地批评，不要搬其他员工的"状词"来刺激他，以免产生激烈的争执，让交谈无果而终。当然，这种员工"悔改"的进度会很慢，先礼后兵的做法是值得赞赏的。

2. 对待脾气暴躁、喜欢没事找事的员工

这类员工一感到自己受到了不公平的待遇，就会叫嚣着找领导座谈，以求领导给自己一个公道的说法，从而导致办公室火药味浓重，人际关系紧张，影响人们的工作情绪。

对这类员工你试图压住他们的火气只是徒劳，对他们唐突地下"你总是和同事争吵"的评论，更容易引起他们的抵触情绪。正确的做法是：首先要

一言不发，让他们把要说的话说完，等其发泄完了，冷静下来之后，再跟他讲事情处理的方法，使其纠正动辄发脾气的毛病。他们认清了其中的道理，以后再遇到类似的事情时才会有意识地控制自己的情绪。

3. 对待喜欢唠叨的员工

有些员工，无论大事小事都喜欢向领导请示、汇报，唠唠叨叨，说话抓不住主要。这种员工往往心态不稳定，遇事慌成一团，大事小事统统请示，还唠唠叨叨，讲究特别多。

跟这样的员工交往，交代工作任务时要说得一清二楚，然后就叫他自己去处理，给他相应的权力，同时也给他施加一定的压力，试着改变他的依赖心理。在他唠叨时，轻易不要表态，这样就会让他感觉到他的唠叨既得不到支持也得不到反对，久而久之，他也就不会再唠叨了。

4. 对待自尊心强、敏感度高的员工

这类员工多是刚刚步入社会的年轻人，他们举止比较拘谨，喜欢埋头工作，一旦出了错就感到忐忑不安，不知如何是好。当他们听见有人提到自己的名字时会猜测是不是有人对自己不满，领导说几句批评人的话，他们也会跟自己联系到一起，产生不安情绪，倘若被领导直接点名批评，他们会刻骨铭心，自尊心受到很大的伤害，在同事面前抬不起头来，工作积极性严重受挫。有时候哪怕是管理者的一句玩笑，都会让他觉得领导对他不满意了，因而焦虑、忧心忡忡、情绪低落。

在与这类员工沟通时，说话不能太随意，也不能埋怨他们心眼儿小，要多给他们积极的心理暗示，对他们的才干和长处表示欣赏，逐渐弱化他们的防御心理，增强他们的安全感和自信心；当他们犯错误时也不可随意批评，要考虑到他们的自尊心，使用较为委婉的措辞。同时也要注意不要当他们的面说其他员工的毛病，这样他们会怀疑是在背后挑他们的毛病。

5. 对待喜欢阿谀奉承的员工

在许多公司里，常可见到溜须拍马、阿谀奉承者，他们经常称赞管理者，且附和管理者所说的每一句话。

对待这种下属，在与他们沟通时，无须太严肃地拒绝他们的奉承，也不要任由他们随意夸张。当他们向你卖弄奉承的本领时，你可以淡淡地回应："别夸张了。"倘若他们再三附和你的计划，你可以说："你最好给自己留一点时间，考虑新的计划和建议，下次开会每个人都要谈自己的意见。"如此一来，他们便不敢也不好意思再做应声虫了。

6. 对待死板的员工

这类员工往往是我行我素，对人冷若冰霜，尽管你对他们热情有加，但他们总是爱理不理，不会做出任何你所期待的反应。

与这类员工沟通时，不可以其人之道还治其人之身，而采取一种相应的冷淡态度。相反，需要花费更大的耐心揣摩他们的心理，寻找他们所热心的话题，这样才能拉近与他们的心理距离。

7. 对待急于求成、急功近利的员工

这类员工为了个人利益很少顾及他人的感受，容易造成人际关系紧张。与这类员工沟通时切忌批评他们的想法不切实际，这样他们可能会认为是在故意刁难他们，是在打消他们的积极性。相反，首先应该肯定他们的工作热情，然后再向他们具体讲述欲速不达的道理，这样他们就比较容易接受。

8. 对待性格耿直的员工

这类员工说话直来直去，不拐弯抹角，直接点名问题的要害，容易给管理者带来不必要的麻烦和困扰，也容易四处碰壁。与这类员工沟通时，不应对他们的直言不讳耿耿于怀，可以对他们工作中存在的不足直接提出批评，这不会引起他们心理的敏感。

9. 对待自以为怀才不遇的员工

这类员工常常认为英雄无用武之地，而变得郁郁寡欢，情绪低落。

在与这类员工沟通时，千万不要跟他们唱对台戏，冷嘲热讽地说："你以为自己是谁啊？不要总以为自己了不起。"这些语言更会让他们感到不被重用而心生怨恨。正确的沟通方法是表达对他们的积极期待："这个项目可全靠你了。""凭你的能力，相信你会有更加出色的表现。"当他们感到自己被重视的时候，他们的才干和工作积极性会很容易得到激发。

10. 对待以自我为中心的员工

有的员工总是以自我为中心，不顾全大局，经常会向你提出一些不合理的要求，什么事情都先为自己考虑。

有这样的员工，你就要尽量地把事情办得公平，把每个计划中每个人的责任与利益都向大家说清楚，让他知道他该做什么，做了这些能得到什么，就不会再提出其他要求了。同时要满足其需求中的合理成分，让他知道，他应该得到的都已经给他了。而对他的不合理要求，要讲清不能满足的原因，同时对他晓之以理，暗示他不要贪小利而失大义。还可以在条件允许的情况下做到仁至义尽，让他觉得你已经很够意思了。

总之，每个员工都有自己的性格特点，一个优秀的管理者在与员工沟通时要尽可能地摸清他们的性格特点及心理状态，进行因人而异的沟通，这样才能达到消除彼此的隔阂和误会，消除和解决矛盾与纠纷，保持心情舒畅。

第三章　社交妙语：走到哪里你都是焦点

用良好谈吐获取对方的好感

谈吐是反映一个人的社会地位、生活、成长背景和可信度的有效工具之一。谈话的内容和技巧也是一把衡量人的品格的尺子。通常人们能从交谈中了解你的思想脉络和个人修养，你的言谈有声有色地描述着你的故事，一笔一画地勾勒着你的形象。

美国人约翰·布鲁斯克在《格调》一书中精辟地指出："一个人的言谈永远是他的家庭背景和社会地位的告示牌。""语言最能表现一个人。你一张口，我就能了解你。"美国人本·琼生在17世纪真知灼见地总结了在交谈中的秘密。哲学家葛拉西安在他的《智慧书》中说："没有一种人类活动像说话一样需要如此谨慎小心，因为没有一种活动比说话更频繁、更普通，甚至我们的成败输赢都取决于此。"我们中国的先人也含蓄地告诉我们："听其言，知其人。"

许多人都愿意与谈吐不凡的人交往，因为与熟练掌握说话艺术的人交谈，简直就是一种享受。娓娓道来的声音就像音乐一样，钻进我们的耳朵，打动我们的心灵，或让人精神振奋，或给人安慰。

无论在什么场合，如果你能够表达清晰、用词简洁，再加上抑扬顿挫、娓娓道来的语调，就能够吸引听众、打动别人。这是你的秘密武器，可以在不经意中助你事业成功。如果你善于辞令，再加上周到的礼节、优雅的举止，在任何场合，你都会畅通无阻、受到欢迎。人们都喜欢与这样的人交往。

在非洲有个传道的牧师，有一次他在给非洲热带的土著居民宣讲《圣经》时人们都在聚精会神地听着，当他念到"你们的罪恶虽然是深红色的，但也可以变成像雪一样白"这句话时，他一下子愣住了。这时牧师就想，这些常年生活在热带的土著居民，他们怎么会知道雪是什么样子和什么颜色的呢？而他们经常食用的椰子肉倒是很白。我何不用椰子肉来比喻呢？于是，机灵的牧师便将《圣经》改念为："你们的罪恶虽然是深红色的，但也可变成像椰子肉一样白。"

"雪白"虽然很形象，但"椰子肉的白"也很形象。而这位机灵的牧师只用了后者，却把这个信息有效地传达给了土著居民。这就使他的演讲有了戏剧性的效果。

在日常生活中，有的人愿意穷其一生去学习科学、文学和其他各种知识，却完全忽视了语言能力的训练和提高，这虽然使他们在自己的专业领域有很高的造诣，但在社交场合却羞于开口，沉默不语，像一个无足轻重的人，还有比这更令人沮丧的吗？看到那些才能不及自己十分之一的人，在公众场合滔滔不绝，自己却静静地坐在一旁，只有洗耳恭听的份，心里能平衡吗？

从今天开始培养自己的语言表达能力吧！也许你不能成为律师、医生或商界精英，但你每天都要说话，也就必然要运用语言的独特力量。在培养这方面的能力时，一个重要的途径就是：花费一些时间和精力研究修辞，留心相同意思的不同表达，使自己的用词更丰富、谈吐更优雅。还要尽力增加自己的词汇量，随时查阅工具书，注重平时的积累。这本身也是一个自我教育的过程，对自己的成长很有帮助。

渴望建功立业的年轻人，应该掌握谈话的技巧，提高驾驭语言的能力。能够在各种场合做到谈吐优雅，从容不迫，应对自如，让别人对自己感兴趣，这本身就是一种很高的素质，值得每一个年轻人努力。提高自我表达能力，会使你受益无穷，这可以称得上是一生的财富。

不要在别人面前炫耀你自己

炫耀就是卖弄、显摆、自夸、夸耀。生活中，有些人总喜欢在别人面前炫耀自己的得意之事，总以为这样就会让朋友高看自己，使别人敬佩自己，殊不知，别人并不愿意听你的得意之事。自我炫耀，效果反而适得其反。

婚后不久，李女士的丈夫被调到某市工作，李女士也跟着丈夫搬去某市住。两人暂时还没有孩子，丈夫每天早出晚归忙于工作，寂寞的李女士打心眼儿里渴望能多交几个朋友。她想，如果在别人面前表现得窝窝囊囊撑不起台面，一定会有人看不起。看不起自己，人家怎么会愿意和你交往呢？你的人缘又怎么会好呢？于是在社区活动中心，李女士就开始和几个刚相识的朋友炫耀起来："我老公在总公司表现突出，所以被派到这个市来主持分部的工作；我儿子毕业于北京理工大学，现在在上海当工程师，月薪1万；我女儿毕业于北京师范大学，在深圳某重点中学当老师，衣服都去香港买；她家新买的房子是三居室的，光装修就花了八万；婚后她本来想继续工作的，可丈夫觉得家里不缺钱，何必在外面奔波……总而言之，她永远都是最棒的，她的一切都比别人强。"渐渐地很多人都知道了这位富有的李女士，李女士也积极参加社区的各种活动，和人拉关系，奇怪的是，别人对她总是冷冷淡淡的，没有一点亲近感，连最初和她联系的几个朋友也慢慢地和她疏远了，李女士非常苦恼，这究竟是为什么呢？

李女士以为在自己脸上贴点金，凸显自己的重要性，就可以让别人对自己产生好感，有个好人缘。然而事实恰好相反，是她的炫耀吓退了那些想跟她交朋友的人。生活中，像李女士这样的人确实有不少，他们整天忙着炫耀自己，随时都要挑起一场竞赛，结果无论他们走到哪里都会惹起别人的憎恶、厌烦。所以，如果你想获得好人缘，拥有更多的朋友，那就记住千万不要在人前炫耀自己，你的炫耀只会让别人对你产生戒备和隔阂。

一天，张鹏约了几个朋友到家里吃饭，这些朋友彼此都是熟悉的，张鹏把他们聚拢来主要是想借着热闹的气氛，让一位目前正陷入低潮的朋友陶其木心情好一些。

陶其木不久前因经营不善，关闭了一家公司，妻子也因为不堪生活的压力，正与他谈离婚的事，内外交迫，他实在痛苦极了。来吃饭的朋友都知道陶其木目前的遭遇，大家都避免去谈与事业有关的事，可是其中一位叫张冰的朋友因为赚了很多钱，几杯酒下肚，忍不住就开始谈他的赚钱本领和花钱功夫，那种得意的神情，连主人看了都有些不舒服。

陶其木低头不语，脸色非常难看，一会儿上厕所，一会儿去洗脸，后来他猛喝了一杯酒，赶早离开了。张鹏送他出去，在巷口，他愤愤地说："老张会赚钱也不必那么神气地炫耀啊！"

张鹏了解他的心情，因为多年前他也遇过低潮，正风光的亲戚在他面前炫耀自己的薪水、年终奖金，那种感受，就如同把针一支支插在心上一般，要多难受就有多难受。

有句这样的格言："流星一旦在灿烂的星空开始炫耀自己光亮的时候，也就结束了自己的一切。"所以，不要在别人面前炫耀你的得意，没人愿意听这样的消息，如果正好有生活不顺的朋友在场，你的炫耀对他来说更是雪上加霜。即使大家的心情都很好，如果你只顾炫耀自己的得意事，而不给别人谈论的机会，也会招人反感。懂人情世故的人会将自己的得意放在心里，而不是放在嘴上，更不会把它当作炫耀的资本。所以，当你和朋友交谈时，最好多谈他关心和得意的事，这样可以赢得对方的好感和认同，从而加深你们之间的感情。

郭志同刚调到市人事局的那段日子里，连一个朋友也没有，他自己也搞不清是什么原因。原来，郭志同认为自己正春风得意，对自己的机遇和才能颇为满意，几乎每天都向同事炫耀他在工作中的成绩，炫耀每天有多少人找他帮忙，那个几乎说不出名字的人昨天又硬是给他送了礼，等等，同事们听了之后不仅没有人分享他的得意事，而且还对他有些讨厌。后来，还是郭志同当了多年领导的老父亲一语点破，他才意识到自己的问题在哪里。从此，他很少在同事朋友面前炫耀自己的得意之事。后来，每当他有时间与同事闲聊的时候，他总是让对方滔滔不绝地把他们的得意炫耀出来，与其分享，久而久之，他的同事们都成了他的好朋友。

每个人都非常重视自己，喜欢谈论自己，如果你让别人谈出自己的得意，或由你去说出他人的得意，这个人肯定会对你有好感，肯定会与你成为好朋友。所以，在别人面前应该多一点谦虚，少一点炫耀。多让他人表现自己的得意是做人的一大智慧，如果你能做到这点，你就能赢得更多的朋友，成为一个受欢迎的人。

会说圆场话，不做冷场王

有这样一个故事：

有一个理发师傅带了个徒弟。徒弟学艺3个月后，这天正式上岗。他给第一位顾客理完发，顾客照照镜子说："头发留得太长。"徒弟不语。师傅在一旁笑着解释："头发长使您显得含蓄，这叫藏而不露，很符合您的身份。"顾客听罢，高兴而去。

徒弟给第二位顾客理完发，顾客照照镜子说："头发留得太短。"徒弟不语。师傅笑着解释："头发短使您显得精神、朴实、厚道，让人感到亲切。"顾客听了，欣喜而去。

徒弟给第三位顾客理完发，顾客边交钱边嘟囔："剪个头花这么长的时间。"徒弟无语。师傅马上笑着解释："为'首脑'多花点时间很有必要。您没听说：进门苍头秀士，出门白面书生！"顾客听罢，大笑而去。

徒弟给第四位顾客理完发，顾客边付款边埋怨："花的时间太短了，20分钟就完事了。"徒弟心中慌张，不知所措。师傅马上笑着抢答："如今，时间就是金钱，'顶上功夫'速战速决，为您赢得了时间，您何乐而不为？"顾客听了，欢笑告辞。

故事中的这位师傅，真是能说会道。他机智灵活，巧妙地打圆场，每次得体的解说，都使徒弟摆脱了尴尬，让对方转怨为喜，高兴而去。他成功打圆场的经验，给了我们诸多启示。

打圆场，就是要我们在他人说话陷入僵局或困境时，主动地提供帮助，让其在众人面前摆脱尴尬的境地。这样对方不但会非常感激我们，而且当我们处于同样处境的时候，他也会帮助我们。

不同的情形，打圆场的方式也不同。

1. 求同存异

当人们因固执己见而争执不休时，局面难以缓和的原因往往是彼此的争胜情绪和较劲心理。因此我们在打圆场时可以抓住这一点，求同存异，帮助争执双方灵活地分析问题，使他们认识到彼此观点的合理性，进而停止无谓的争执。

李明和张亮同在一家公司工作，因为要策划一次会议，各执己见。一开始，大家还用商量的口气，都觉得自己的意见好，力图说服对方。到后来，就有点争论的意思了，谁也不肯让步，谁也说服不了谁，不证明自己的比对方的好，就不肯罢休。坐在旁边的刘荧荧，一直听他们争论，后来一看形势不妙，就凑过来说："你们谁也不要讲，先听我说，我看你们吵来吵去，只是没弄清对方的意思。"接下来，刘荧荧分析了双方看法的优点和不足，李明和张亮也点头称是。分析完了之后，刘荧荧说："我看这事好办，相互取长补短。"最后，大家达成了一致意见。

在这里，我们可以看到，如果要李明和张亮直接承认对方看法的合理性，似乎是做不到的，那样的话，总会觉得低人一等。刘茨茨的分析会让双方在心里想："我有错，你的见解也不一定对。"这样容易接受对方了。

2. 转移话题

当谈话出现僵局的时候，如果一直停留在原来的话题上，可能双方都感到尴尬。这时，我们要注意观察，找出僵局的关键所在，然后将话题绕过去，待双方在其他的话题上表现出兴趣时，可再将话题迂回，这样就可以打破僵局。

在某公司的一次商业谈判中，双方在资金是否应一步到位的问题上，各抒己见，互不相让。该公司要求对方公司在资金的投资上一步到位，才能保证自己全面投产，而对方却要求分期投资，一边投资，一边观察市场。为了不使谈判破裂，该公司的谈判代表思索了一会儿，面带微笑，避开争论的问题，说："你们的资金富余，信誉之高，皆为同行所共知，用你们的资金和信誉与我们合作，我们很快就能成为市场的焦点。这样不仅对我们有利，而且对你们更有利。"对方的谈判代表一听此话，气氛一下子缓和了下来，大家都对今后的合作充满了希望，该公司的代表看到气氛轻松起来，趁势将话题再一转，说："我们已经调查过市场，本产品有很大的开发潜力，一经上市，回收资金是指日可待。但是由于我们受资金的限制不能成批生产，产量必然就上不去了。"就这样，公司谈判代表绕过了双方都不肯让步的焦点，一步一步地坚定对方投资的信心，最后终于按己方公司的要求达成了协议。

由此可见，这种顺其自然地巧转话题不仅让听者感觉轻松自如，还营造了一种良好的交谈氛围。

3. 给台阶下

有时候对方陷入谈话困境后，并不是想硬撑下去，而是苦于没有可下的台阶。如果我们能及时巧妙地给对方一个可撤的话题，让对方顺着这个话题撤出去，对方就会顺势而走的。

现在造假的商品特别多，有些人就想利用这个空子占便宜。有一天，某家商场来了一位顾客，要求退回昨天刚买的一双皮鞋。按照商场规定，售出的皮鞋，在一周之内可以退换，那位顾客对年轻的售货员说："这双皮鞋是昨天买的，当时我的爱人没来，我觉得大小合适就买了。可是买回去一试，才发现这双小了一点，而且他昨天也买了一双，因此我们想把这双退了。"售货员仔细地检查了一下皮鞋，发现这双皮鞋并不是本商场售出的，而是一双假冒的皮鞋。于是就跟那位顾客说："这双皮鞋不是我们售出的，我们不能退换。"但是那位顾客坚持说就是在这里买的：怎么不能换呢？双方发生了争吵。那位顾客显得很愤怒，出言不逊，还发誓说就是在这里买的，引来了许多顾客围观。

这时经理闻讯赶来，又仔细检查了这双皮鞋，认定这双皮鞋确实是假货。他意识到了事态的严重性，商场一向是不售假货的，围观的人这么多，如果处理不好，就会影响到商场的声誉。他想向顾客直接说明这一点，但是考虑到那位顾客在众多人的面前，是不会轻易认错的。他想了想，对那位顾客说："我想知道，你们家里是不是有一双与它相像的皮鞋，您有可能拿错了。我们这里曾经有过这种情况，有位顾客要求换鞋，但她却错误地拿了一双穿过好多年的皮鞋来换，我怀疑您也遇到了这种情况。您看，真皮与假皮仔细比较，还是能分辨出来的。"说着随手从货架上拿起一双皮鞋，比给顾客看。然后又说："我们这里货源都是有保证的，还没有出现过类似的情况。"那位顾客看了看，知道自己弄巧成拙，原来想拿一双假的骗点钱，在无可争辩的事实面前，不好狡辩，而且，经理又给自己准备了一个台阶，于是说："想必是我弄错了，我回去问问，如果没有弄错，我再来找你们。"说完，收起那双假皮鞋走了。

总之，在人际交往中，要想获得好人缘，就必须学会打圆场，采取息事宁人的态度来处理事情，这样你就可以在复杂的人际关系当中获得别人的支持。

第四章　求职妙语：巧说才能打动面试官

说好开场白，引起面试官的兴趣

俗话有云："良好的开端是成功的一半。"如何在面试的时候一炮打响，给面试官留下良好的印象，直接关系到我们与企业能否成功地建立聘用关系，从而选择自己称心的工作。为此，开场白很重要，它有可能决定整个面试的基调。所谓"前三分钟定终身"，就是说你给面试官的第一印象。

有位青年，想离开原单位到某音像单位去工作，事先也没想想自己该怎样去这个单位找工作，更没想过怎样介绍自己。有一天，这个青年贸然去了这个单位找负责人。负责人接待她时，她一开口就说："我想到你们单位工作，你们用不用？"说完就坐在椅子上摆弄衣角，也不抬头看看接待他的负责人。那位负责人回答说："我们不用人"，这位青年人站起来什么也没说就要走，其实这个单位正在招聘一个录制工人，恰巧这时这位青年人的一位老同学来这里办事，碰上她往外走，听说来找工作，但人家不用，这位同学主动向这个单位的负责人说："我这个同学太腼腆，见生人说不出话来，我了解她，我给你们介绍一下，我看她来你们这儿工作挺合适的。"后来这个单位果真录用了她。

面试的过程中，精彩的开场白会让人眼前一亮，它会影响到面试官对你的态度。

面试是一个交际过程，要想与面试官轻松、顺利地交谈下去，就必须掌握一定的说话技巧，说好开场白就是众多技巧中的一个。

周立大学毕业以后，到一家中法合资企业应聘董事长助理的职位。他怀着试一试的心态，参加了面试。在接待室里，他看到其他求职者都风度翩翩、气宇不凡，有的还能讲一口流利的法语，周立顿时觉得希望渺茫。但是，好强的性格不允许他就此退缩，他想：反正都来了，就试一试吧。

首轮面试，人事部经理要求周立用法语进行自我介绍。这一测试对周立来讲并不是多么困难的事情，10分钟后，周立顺利地通过了第一场面试。负责第二场面试的是该公司总经理，周立进门后，总经理并没有给他出什么刁钻的问题，只是让他用中文谈谈对应征职位的看法。周立惟妙惟肖的描述、丰富华美的词汇，深深打动了总经理，因此，他顺利地通过了第二关面试。

关键时刻终于来临了，最后这一关，主考官是该公司董事长。不一会儿，他被叫进董事长办公室。刚进门，周立的视线就被董事长办公桌上的一盆花吸引住了，这是一簇橘黄色的非洲菊，插在玻璃花瓶中，散发出一丝法国情调的浪漫气息。周立不由自主地脱口而出："好美的花啊！好温馨的工作氛围。"董事长面带微笑地对他说："你好，年轻人，请坐。"周立顿时觉得有些不好意思，因为他只顾欣赏花，却忘记了与董事长打招呼。董事长似乎看出了周立的心思，对他说："没关系，年轻人，看得出来你也喜欢这种花。"周立坚定地点点头，说："是的，我非常喜欢，它叫非洲菊，通常白颜色的较多，这种橘黄色的却是很少见。"董事长显然对周立产生了好感，他对周立说："我很喜欢这种颜色，因为它与我头发的颜色很相像。在办公室里摆放这样一簇花，能渲染出浪漫气息，正好符合我们法国人追求浪漫的特点。"说罢，董事长自豪地笑了笑。

接下来的谈话显然轻松了许多，周立讲述了自己以前的工作经历，包括对职位、职责的理解。董事长也给他介绍了该公司的历史背景、规模、工作范围以及工资待遇等问题。当双方谈到中西方文化区别时，周立说："我认为，美国人总是精神激昂，富有信心和勇气；而欧洲人则显得非常绅士，含蓄且彬彬有礼。"董事长听后哈哈大笑起来，并对周立的话表示赞同。

面试持续了一个多小时，二人在浓郁的谈话氛围中握手道别了。两天后，周立接到了该公司董事长的电话，通知他次日到公司报到。

由此可见，良好的开场白能拉近求职者和面试官之间的距离，渲染谈话气氛，为进一步交谈奠定基础。每一位求职者，在面试前都应准备一份能给面试官留下深刻印象的开场白，这对成功应聘有很大好处。

小心雷区，面试时别说这些话

语言是求职者在求职面试中与招聘人员沟通情况、交流思想感情的工具，更是求职者展示自己的知识、智慧、能力的一条渠道。恰当得体的谈吐无疑会增强你的竞争力，并助你赢得成功。反之，不适宜、不恰当、不得体的语言就会损害你的形象，削弱你的竞争力，甚至导致求职谈判的失败。

下面这些情况应该成为你求职面试中的禁忌：

1. 不懂装懂。对于有些专业性很强的问题，如果你确实不懂，就不妨坦率承认，千万别说"我想想……"，因为再怎么想也没有结果，反而会给面试官留下不懂装懂的印象。有时面试官出这一类的问题就是想验证一下你是否诚实，如果你坦率承认自己不懂，你被录用的概率也许会更高。

2. 缺乏自信的提问

比如，"你们要几个人"这种问法就显示出了求职者信心不足。对用人单位来说，招一个是招，招十个也是招，问题不在于招几个，而是你有没有竞争实力。再比如，"你们要不要女性"，这首先就给自己打了折，这也是一种缺乏自信心的表现。你这样问人家，人家多半会顺水推舟，礼貌地拒绝的。如果你来一番非同凡响的陈词或巧妙的介绍，那说不定对方还会考虑考虑。

这样的求职提问在应聘时还有很多："中专学历的你们招吗"（招聘单位招的其实是人才）、"外地人你们要不要"、"下岗工人你们招不招"……

3. 极度关心待遇

关心自己的待遇并没有错，但不能一上来就问有什么待遇，这样心急是吃不到热豆腐的。如果你很唐突地问招聘者："你们的待遇怎么样？"对方很可能会说："工作还没干就先提条件了，何况我们还没说要不要你呢。"

因此，谈论报酬要看准时机，一般要在双方已有初步意向时再委婉地提出。

4. 不恰当的反问

如果招聘人员问你："关于薪金，你的期望值是多少？"而你反问道："你们打算出多少？"这样反问就有点像是在市场上买东西时讨价还价，显得很不礼貌，容易引起招聘者的不快，进而影响你的求职。

5. 拉近乎、报熟人

"某某经理是我的老同学"、"我认识你们单位的某某某"诸如此类的报熟人、套近乎的话也会引起面试官的反感，如果面试官与你所说的某人本来就有矛盾，那你岂不是搬石头砸自己的脚？

6. 不合逻辑的答问

"我可以胜任一切工作"、"我没有失败过"诸如此类的答问是不合逻辑的，也是不符合实际的，往往会给人一种搪塞的感觉。这对你求职是没有任何好处的。因为你首先就给人一种虚伪、不诚实的感觉。

7. 本末倒置的话语

如果面试结束前，面试官问求职者："请问你有什么问题要向我们提吗？"

求职者问道："请问你们的投资规模有多大？你们董事会成员中外方各有几位？你们的福利都有哪些……"

这显然是不适宜的。要记住你是一个求职者，一定要把自己的位置摆正，所问的问题千万不要超出应当提问的范围。

8. 不切实际的洋腔洋调

不适宜、不切实际的洋腔洋调，会给人一种卖弄、做作的感觉，给人留下你是"半瓶水"的不良印象。如果招聘人员对外语不甚精通，那结果可能更无法想象了。

一家企业招聘一名仓储经理，这位求职者在回答问题时不断地夹杂一些英语单词，由于参加面试的企业部门经理对英语不甚精通，中介人员在旁看了很是着急，便悄悄提醒他："请直接用中文陈述。"但这位求职者却全然不理会，继续慷慨陈词："其实我这个人不是十分sophisticated（老练），相反，我待人倒是十分sincere（真诚），与同事们相处也是extremely harmonious（极其融洽）……"面试结束后，中介人员问部门经理："感觉怎么样？""不怎么样！"这位经理无奈地苦笑着说。

不论这位招聘者是否懂英语，首先这种方式给人留下的印象就是你崇洋媚外，不好好说中国话。这种中英文掺杂的语言显然也是不受欢迎的。

总而言之，求职面试，不可乱言，更不可不懂而言。俗话说："看人先观其行，听其声。"试想，假若你是老板，你在招人，这样不懂装懂、说话拿腔拿调、见面二话不说先讲待遇的人，你能要吗？你敢要吗？毫无疑问，答案是否定的。

成功的自我介绍，为你敞开一扇工作之门

当面试时，求职者往往最先被问及的问题就是"请先介绍你自己"。这个问题看似简单，但求职者一定要慎重对待，它是你表现优势、展现综合素质的好机会。回答得好，会给人留下良好的第一印象。

有两位刚走出校门的大学毕业生张小姐和杨小姐，同是学习英语专业，都是优秀学生，又同时到一家独资企业应聘高级秘书职位。人事经理看了简历以后，难以取舍。于是通知两人面试，考官让她们分别做一下自我介绍。

张小姐说："我今年22岁，刚从某大学毕业，所学的专业是英语。浙江人。父母均是高级工程师。我爱好音乐和旅游。我性格开朗，做事一丝不苟。很希望得到贵公司的这份工作。"

杨小姐介绍说："关于我的情况简历上都介绍得比较详细了，在这里我强调两点：我的英语口语不错，曾利用假期在旅行社做过导游，带过欧美团。再者，我的文笔较好，曾在报刊上发表过6篇文章。如果您有兴趣可以过目。"

最后，人事经理录用了杨小姐。

由此可见，自我介绍是求职者向面试官展示自己的一个重要手段，求职者具体应注意以下几点：

1. 自我介绍要把控好时间

一般情况下，自我介绍3～5分钟较适宜。时间分配上，可根据情况灵活掌握。假若5分钟做自我介绍，1分钟要做完自然情况介绍，包括教育经历；最近三到五年工作介绍要占到3分钟；其余的经历用1分钟介绍完。如果最近两年没做什么事，可以把自认为自己最有价值的一段经历介绍两分钟。

2. 自我介绍要简明扼要

一段短短的自我介绍，其实是为进行更深入的面谈而设置的。自我介绍的时间比较短，所以必须简明扼要，切忌拖泥带水，啰啰唆唆。自我介绍犹如商品广告，在较短的时间里，要针对客户的需要，将自己最美好的一面，毫无保留地表现出来，如自己的特长、职业基础和可塑性。面试官问及你的缺点，要有心理防备，心里拟定一两条。缺点可以适当缩小，但需客观，不能给人找由头遮掩的感觉。

千万不能多说求职信上写得清清楚楚的信息，主要是补充那上面还没有讲透的情况。

3. 自我介绍要有充分的信心

要想让面试官欣赏你，你必须明确地告诉面试官你具备应聘职位所必需的能力与素质，而只有你对此有信心并表现出这种信心后，你才证明了自己。

应试者在谈到自己的优点时，应保持低调。也就是轻描淡写、语气平静，只谈事实，别用自己的主观评论。同时也要注意适可而止，重要的、关键的要谈，与面试无关的特长最好别谈。另外，谈过自己的优点后也要谈缺点，但一定要强调自己克服这些缺点的信心和努力。

特别指出的是，不要夸大自己。一方面从应试者的综合素养表现，面试官能够大体估计应试者的能力；另一方面，如果面试官进一步追问有关问题，会令有水分的应试者下不了台。

面试中应试者的自我介绍，可以让面试官了解到简历等书面材料以外的内容，如你对自己的描述与概括能力，你对自己的综合评价以及你的精神风貌等。自信是其中的重要的潜台词，应试者务必注意。

4．自我介绍要主题明确

在做自我介绍时，要简单明了，抓住重点，突出特长。求职面试中的自我介绍宜简不宜繁，一般包括下列基本要素：姓名、年龄、籍贯、学历、性格、特长、爱好、工作能力和工作经验，等等，对于这些不同的要素该详述还是略说，应按招聘方的要求组织介绍材料，围绕中心说话。假如招聘单位对应聘的人的工作能力和工作经验很重视，那么，求职者就得从自己的工作能力及经验出发做详细的叙述，而且整个介绍都应以此为中心。

5．自我介绍要留有余地

面试中的自我介绍既要坦诚，又要留有余地；既要介绍自己的能力，又不要把自己搞进进退维谷的境地。在自我介绍中，不要说太绝对的话："这事没问题！""我非常熟悉这项业务！""我保证让部门改变面貌！"这些话常常是因为冲动而说出来的，在这些话下面没有具体内容。如果面试官以为难的口气问："那么你谈谈有些什么措施？"或者："这项业务最新发展动向是什么？"你常常会张口结舌，尴尬万分。所以你要尽可能保存你的实力，因为自我介绍只是面试中的谈话内容之一，在自我介绍中胡夸海口，把自己暴露无遗，下面的话题就很难进行下去了。

回答考官提问的技巧

求职招聘考验的是应聘者的综合能力，如果你的技术或者专业能力很好，但是与人的交流沟通能力非常欠佳，那么面试官对你的满意度，也会相应地降低，所以面试回答考官问题的语言组织能力、对问题的看法及回答思路都是至关重要的。

面试官常常会问到以下几个问题。

1．你为什么来应聘这份工作

"我来应聘是因为我相信自己能为公司做出贡献，我在这个领域的经验很少有人比得上，而且我的适应能力使我确信我能把公司带上一个新的台阶"。这样的回答展现了应聘者的自信，公司一般比较喜欢这样的求职者。

2．对工作的期望与方针何在

这是企业用来评判求职者是否对本身有必然程度的期望、对这份工作是否领会的问题。对工作确实有进修方针的人建议你最好针对工作的性质做出回答，如应聘业务员的工作可以这样回答："我的方针是能成为一个超级业务员，将公司的产品广泛推销出去，以获得最好的业绩成效；为了达到这个方针，我必然会努力进修。"其他类的只要在方针方面稍微修改一下就可以了。

3. 你了解我们公司吗

说几件你知道的事，其中至少有一件是有关销售额的。

4. 就你申请的这个职位，你认为你还欠缺什么

企业喜欢问求职者的弱点，但精明的求职者一般不直接回答。企业喜欢看到这样的求职者：继续反复本身的优势，然后说："对于这个职位和我的能力来说，相信我是可以胜任的，只是缺乏经验，这个问题我想我可以进入公司后以最短的时间来解决，我的进修能力很强，相信我可以很快融入公司的企业文化，进入工作状态。"企业喜欢能够巧妙地躲过难题的求职者。

5. 你怎样和未来的上司相处

"我重视的是工作和成果。我能屈能伸，可以和任何人打交道。"你回答的主旨在于表现你交际能力较强，心胸开阔，在处理与上司关系时，以服从公司利益需要为原则，绝不会陷入个人的恩怨问题。

6. 如果你对公司安排的职位不满意，你将怎么办

"我感到遗憾，不过我还是乐意服从分配。我是基于对贵公司业务发展与工作作风的充分了解，才欣然前来应聘的，所以无论在哪个部门我都会努力工作，况且我可以学到更多新东西。当然，如果今后有合适机会仍可从事我所期望的工作时将十分高兴。"

7. 最能概括你自己的三个词是什么

最好的回答是：适应能力强、有责任心和做事有始有终。结合具体例子向面试官解释，使他们觉得你具有发展潜力。

8. 你过去的上级是怎样的人

别贬低过去的上司，提一下他的长处和不足。

9. 你最低的薪金要求是多少

这是必不可少的问题，因为你和你的面试官出于不同考虑都十分关心

它。你聪明的做法是：不做正面回答。强调你最感兴趣的是这个机遇和挑战并存的工作，避免讨论经济上的报酬，直到你被雇用为止。

10. 你想过创业吗

这个问题可以显示出你的冲劲，但如果你的回答是"有"的话，千万小心，下一个问题可能就是"那么为什么你不这样做呢？"

11. 你的业余爱好是什么

"我平时在课余时间喜欢打篮球，下象棋，但从未因此而影响过工作。"这个问题看来很单纯，但是往往有更深一层的意义，这是面试官企图明白你的休息娱乐活动是否会干扰工作。

12. 你还有什么要问吗

你必须回答"当然"。你要准备通过你的发问，了解更多关于这家公司、这次面试和这份工作的信息。假如你笑笑说"没有"，心里想着终于结束了，长长吐一口气，那才是犯了一个大错误。这往往被理解为你对该公司、对这份工作没有太深厚的兴趣；其次，从最实际的考虑出发，你难道不想听话听音敲打一下面试官，推断一下自己入围有几成希望？

这里有一些供你选择的问题：

(1)为什么这个职位要公开招聘？

(2)这家公司最大的挑战是什么？

(3)公司的长远目标和战略计划您能否用一两句话简要为我介绍一下？

(4)您考虑在这个职位上供职的人应有什么素质？

(5)决定雇用的时间大致期限要多久？

(6)关于我的资格与能力问题，您还有什么要问的吗？

13. 你和别人发生过争执吗？你是怎样解决的

这是面试中最难回答的问题，其实是面试官布下的一个陷阱。千万不要说任何人的过错。要知道，成功解决矛盾是一个协作团体中成员所必备的能力。假如你在一个服务行业工作，这个问题简直成了最重要的一个环节。你是否能获得这份工作，将取决于这个问题的回答。面试官希望看到你是成熟的且乐于奉献的。他们通过这个问题了解你的成熟度和处世能力。在没有外界干预的情况下，通过妥协的方式来解决才是正确答案。

14. 你做过的哪件事最令你感到骄傲

这是面试官给你的一个机会，让你展示自身把握命运的能力。这会体现你潜在的领导能力以及你被晋升的可能性。假如你应聘于一个服务性质的单元，你很可能会被邀请去午餐。记住：你的前途取决于你的知识、社交能力和综合表现。

15. 如果我录用你，你将怎样开展工作

如果你对于应聘的职位缺乏足够的认识，最好不要直接说出本身开展工作的具体法子。你可以采用迂回战术来回答，如："首先听取老板的指示和要求，然后就有关环境进行领会和熟悉，接下来拟定一份近期的工作打算，最后按照打算开展工作。"

巧妙回答离职原因

在面试中有一个问题，是面试官经常问的，也是求职者最抓狂的，那就是"你为什么要从上一家公司离职"。

李女士在一家广告公司工作5年多，业务上是一把好手。但因与上司长期不和，李女士忍无可忍，终于选择了跳槽。

在朋友的推荐下，李女士面试了好几家企业。无一例外地，招聘人员都问到了跳槽的原因。刚开始，李女士直言相告，但都没能应聘成功。朋友打探后告诉李女士，对方虽觉得她业务能力不错，但因与上司不和这一点，却一票否决了李女士。因为企业会这样想：与领导都搞不好关系，可见不会处理人际关系。

于是，李女士吸取教训，将离职原因改为"收入太低"，可应聘的几家单位却仍不敢要她。朋友打听后告诉李女士，对方怕被她当作"过渡"单位，一有更好的单位挖墙脚，她就可能会再次跳槽。

李女士头疼地说："'为什么跳槽'真是个难解的谜，怎么回答都有可能被招聘单位抓'小辫子'。"

当一个有工作经验的人去面试时，绝大多数考官都会问同一个问题：

"你为什么离职？"因为可以通过这道题洞察一个人的求职动机、价值取向、忠诚度、心态、品格、某方面的能力缺陷等情况。要回答好这道问题确实不易，很多人就算是中高层应试者都会在这道题上栽跟头。

那么，企业为什么会问这个问题呢？通常来说，在企业招聘的时候，他们希望能够留住人才，因此在面试的过程中，基本都会问应聘者为什么会从上一家公司跳槽，因为一个轻易跳槽或是频繁跳槽的人是非常令人担忧的，跳槽会给我们的职业信誉造成不良的影响。因此在企业招聘过程中，跳槽原因就成为一个非常重要的，也是不可避免的话题。因为对于企业发展来说，只有抓住人才这一关，才能在行业中取得更好的成绩。

在求职的时候，求职人员也要慎重回答这一问题，巧妙地回答这个问题，企业才会不用担忧你在工作过程中突生什么变故，从而影响到岗位职责的发挥，此外，企业才会相信你能够真正在这个企业中扎根下来，不会轻言说辞职。这样日积月累下来，你才可能成为一个企业的财富，才能作为一个核心力量，为企业发展出一份力。

"你为什么离职？"这是个无可避免的问题，也是可以在面试前预知到的问题，所以求职者更加应该做好充足的准备，好好回答这个问题。巧妙的回答离职原因会大大提高你面试成功的概率。

根据以往的经验和调查，常见的离职原因包括：收入达不到期望、与上司相处不好、人际关系处理不好、工作压力大等。关于这几项离职原因，都应该巧妙地回答，否则很可能导致面试失败。比如收入达不到自己的期望的，那么企业就会想是不是你本身能力的问题，所以才不能取得自己期望中的报酬，如果回答薪酬制度不合理，则更容易让人接受。因为和上司相处不好而离职的，即使上司真的是人人都讨厌，公司也确实很多人都受不了而离职，也不应该在面试中说出来，因为无论多么宽容的上司，都不喜欢听到自己的下属说自己的坏话，如果录取了你，以后你也可能会对其他公司的人说自己的坏话，对方很可能因为你的如实回答而淘汰你；因为人际关系方面而离职的，不妨说是企业管理方面混乱，导致沟通存在漏洞，从而影响了自己和其他人工作上的有效交流；至于因为工作压力大而离职的，可以说是因为公司发展的方向与个人的职业规划不符合，公司的长期发展不能帮助自己实现个人的长期发展。但是如果这样回答的话，应该准备好回答自己的个人职业发展是什么的问题。

其实，我们都知道工作变动，换工作，归根结底的一个原因，就是对现有工作的不满足，但是我们在回答面试官的时候要随机应变，站在面试官的角度来寻找问题的最佳答案。

第五章 谈判妙语：用"嘴"也要走"心"

以"言"取胜，赢得谈判的胜利

谈判是日常通用的口才形态之一，在当代，无论是在国际交往的大舞台上，还是在国内活跃的经贸交易中，谈判正向人们展示着它日益重要的作用。

谈判的过程是谈判者的语言交流过程。语言在谈判中犹如桥梁，占有重要的地位，它往往决定谈判的成败。谈判的语言艺术主要体现在叙述、提问、答复和说服等方面。商场如战场，在短兵相接之时，语言为最锋利的武器。

在一个卖场休息室里有一个经营咖啡和牛奶的小店，刚开始服务员总是问顾客"先生，喝咖啡吗"或者是"先生，喝牛奶吗"结果其销售额平平。后来，老板要求服务员换一种问法，即"先生，喝咖啡还是牛奶"，结果其销售额大增。

究其原因，第一种问法，顾客没得选择，很容易拒绝，而后一种是选择式，在大多数情况下，顾客都会选择其中的一种。

假如你想应聘一家公司的某一个职务，而且你希望的年薪是3万元，可是经理最多只能给你2万元。经理如果说"要不要随便你"这句话，就有攻击的意味，你可能扭头就走。而实际上高明的经理不会那么说，他会说："给你的薪水，是非常合理的。不管怎么说，在这个等级里，我只能付给你1.5万元到2万元，你想要多少？"很明显，你会说"2万元"，而经理又好像不同意，说："1.8万元如何？"你继续坚持2万元。于是经理投降答应了你的要求。表面上，你好像占了上风，沾沾自喜。但仔细分析一下，实则是精明的经理运用了选择式的提问技巧，让你自愿放弃了为自己争取3万元年薪的机会。

由此可见，出色的谈判大师总是工于心计，巧于言辞，在谈判桌上运用自己的口才和智慧与谈判对手展开智慧谋略的较量。

在谈判的过程中不仅仅是语言的较量，更是心理的较量，不过这两者之间并没有明显的界限，如果刻意地把两者断开，反而会是谈判的大忌——底气不足。要让对手看出你的话语是经过深思熟虑、仔细斟酌而自然流露的，而不是一时的意气脱口而出的，这样才能提升你在对方心目中的分量，从而逐步掌握整个局面的主动权。

想要在谈判中让语言发挥实际的效果，还要注意以下几点：

1. 针对性必须强

在谈判中，双方的语言都是表达自己的愿望和要求的，因此一定要有极强的针对性，做到有的放矢。模糊和啰唆的语言，会使对方疑惑、反感，降低己方威信，成为谈判的障碍。针对不同的商品、谈判场合、谈判内容和谈判对手，要有针对性地使用语言，才能保证谈判的成功。比如对脾气急躁，性格直爽的谈判对手，运用简短明快的语言可能更受欢迎；对慢条斯理的对手，采用春风化丝雨般的倾心长谈可能效果更好。总之，在谈判过程中，一定要充分了解谈判对手的情绪、性格、习惯、文化和需求状况，恰如其分地使用有针对性的语言。

2. 根据情况灵活应变

在实际谈判过程中，往往会遇到无法预料的令人尴尬的事情，所以就要求谈判者具有灵活的语言应变能力，有一定的应急能力，巧妙地摆脱困境。当遇到对手逼你马上做出选择时，你若说"让我想一想"、"暂时很难决定"之类的语言，便会被对方认为缺乏主见，从而在心理上处于劣势。此时不妨这样做：装作不经意地看看表，然后有礼貌地告诉对方："真不好意思，10点钟了，我得出去一下，与一个约定的朋友通电话，请稍等五分钟。"这样一来，你就非常得体地赢得了五分钟的思考时间。

3. 不要独占任何一次谈话

中途打岔抢着说话也常会引起别人的反感。口若悬河，抢尽了风头，只能引起人的逆反心理；精于谈判的人，大多沉默寡言，他们都是倾听的高手，只有在关键时刻才说一两句。与人谈话时，最重要的一件事就是听出对方话中的目的和重点，适时表达你的意见。谈话必须有来有往，所以要在不打断对方说话的原则下，适时地表达你的意见，这才是正确的谈判方式。

4. 表达方式一定要委婉

在谈判过程中，语气要平和，表达情感时尽量要委婉，这样就很容易被对方所接受。例如，在否定对方要求时，可以这样说："您说的有一定道理，但是与实际情况稍微有那么一些出入。"然后再不露痕迹地提出自己的观点。这样做既不会有损对方的面子，又可以让对方心平气和地认真倾听自己的意见。其间谈判高手往往努力把自己的意见用委婉的方式伪装成对方的见解，提高说服力。在自己的意见提出之前，先问对手怎样解决问题。当对方提出以后，如果和自己的意见一样，要让对方相信这是他自己的观点。如果你这样去做了，就会给谈判对手一种被尊重的感觉，他就会从心里对你产生认同感，因而更容易达成一致，最终才能获得谈判的成功。

巧妙提问，让对方亮出底牌

谈判中常将提问技巧作为搞清对方真实需要、掌握对方心理状态、表达意见观点进而通过谈判解决问题的重要手段。发问是使自己多听少说的一种有效方法。问能引起他人注意的问题，促使谈判顺利进行；问能获取所需信息的问题，以此摸清对手底细；问能引起对方思考的问题，控制对方思考的方向；问能引导对方做出结论的问题，达到己方的目的。

有一家服装公司最近设计出了一套时髦的冬装。该产品款式新颖别致，适合各种消费阶层的需要。新产品一上市就十分走俏，销路非常好，顾客反馈的信息也相当理想。根据这一情况，该服装公司决定扩大生产量，投入大批量生产，抓紧抢占冬季套装市场。这就需要购进一大批面料来生产这种款式的套装。由于需求量相当大，在单位价格上很小的出入就可能造成一笔巨大的差额，公司当然要谨慎对待。

该公司需求大批量面料的消息很快不胫而走。在很短的时间内，就有本市和外地的好多家毛纺厂的推销员主动上门来进行销售谈判，都想和公司达成供货协议。由于公司对所需求面料的批量生产的成本和利润了解不多，因此对谈判价格没有把握。究竟选择哪一家作为合作伙伴，是个非常棘手和难以抉择的问题。这个时候，公司的高层决定采用投石问路的谈判策略，先打探一下各毛纺厂的报价和诚意，从中遴选出价格相对较低而信誉又能够得到保证的厂家。

公司有意识地先派遣采购科的一般人员同前来洽谈业务的推销员进行接触，目的是能够得到一些对己方较为有利的重要情报。在初步谈判过程中，谈判人员与推销员进行了详细的谈判，一方面尽可能多地了解对方的情况，如产品质量、生产规模、公司实力以及信誉等各方面，另一方面却不进行最后的拍板，而是以"贵公司的情况和报价我已经清楚了，定当如实转告公司领导。只要质量可靠，价格方面在此领域中相对合理，我想贵公司是会被考虑的"等作为回答。然后公司将各毛纺厂的情况进行比较和分析，从对方报价到该公司的生产规模、经济实力包括合作信誉等都进行了详细的论证和探讨，基本上掌握了各家公司的真实情况和各方面的具体差异以及优缺点，最后选中了其中的一家公司作为合作对象。双方决定举行正式的谈判。在谈判中，由于服装公司对所需求面料的各方面情况都有了初步的了解，一直掌控了谈判的主动权，在价格和对产品的要求上具有很大的优势。经过双方进一步的谈判，最后达成了协议。服装公司因此买到了质量好、价格低的服装面料，取得了非常可观的经济效益。

服装公司成功选择出了合作厂家的例子，说明了在进行实质性谈判之前，买主采用投石问路的方法来确定最佳的合作伙伴的必要性。在实际的谈判过程中，使用投石问路的方法和策略，能够探测谈判对手的谈判立场和态度，尤其在买卖谈判中，买主可以用这种方法从卖主那里获得通常不易获得的有关产品成本、价格等方面非常有用的基本资料，从而在正式谈判中能够始终占据主导地位。

在谈判中，提问可以引导对方思路，更好地达到目的。但如何问是很有讲究的，灵活运用发问的技巧，不仅可以引起双方的讨论，获取信息，而且还可以控制谈判的方向。到底哪些问题可以问，哪些问题不可以问，为了达到某一个目的应该怎样问，以及问的时机、场合、环境等，这里有许多基本常识和技巧需要了解和掌握。

1. 先听后问

在对方发言时，如果自己脑中闪现出疑问，千万不要中止倾听对方的谈话而急于提出问题，这时可先把问题记录下来，等待对方讲完后，有合适的时机再提出问题。

同时，在倾听对方发言时，我们可能会出现马上就想反问的念头，切记这时不可急于提出自己的看法，因为这样做不但影响倾听对方的下文，而且会暴露自己的意图，这样对方可能会马上调整其后边的讲话内容，从而使自己可能丢掉本应获取到的信息。

2. 刚开始发问时，最好选择对方容易回答的问题

比如，"这次休假玩儿得愉快吗？"这类与主题无关的问话，能够松弛对方紧张谨慎的情绪。待缓和氛围之后，可再将目标转向正题。有些性急的人，一开始就单刀直入提出令人左右为难的问题，这时对方很可能极不友善地反问："你究竟有何用意？"这么一来，场面弄僵了，原本有益的发问却

变成于己不利，未免得不偿失。因此我们对发问时机的技巧应多加留意。

3. 避免刁难问题

要避免提出那些可能会阻碍对方让步的刁难问题，这些问题会明显影响谈判效果。事实上，这类问题往往只会给谈判的结局带来麻烦。提问时，不仅要考虑自己的退路，同时也要考虑对方的退路，要把握好时机和火候。

4. 等待时机，继续追问

如果对方的答案不够完善，甚至回避不答，这时不要强迫追问，而是要有耐心和毅力，等待时机到来时，再继续追问，这样做以示对对方的尊重，同时再继续回答对方问题也是对方的义务和责任，因为时机成熟时，对方也不可推卸。

5. 应问自己感到疑惑的问题及欲知的事项

提出问题的人大致有三种类型：虽然想问，但是却一味坚持己见或责备对方的人；一开口发问便喋喋不休，让人摸不清他究竟要问什么，即说话不得要领的人；仿佛在发问，却与实际状况风马牛不相及的人。上述三类人，在发问前最好先问一问自己：究竟要问什么问题。

6. 适可而止。

不要以法官的态度来询问对方，也不要问起问题来接连不断。

如果像法官一样询问谈判对方，会使对方产生敌对的心理和情绪。因为双方谈判绝不等同于法庭上的审问，需要双方心平气和地提出和回答问题，另外，重复连续地发问往往会导致对方的厌倦、乏味而不愿回答，有时即使回答也是马马虎虎，甚至答非所问。

7. 不要在短时间内重复同样的问题

若是在谈判开始时对对方的回答有所质疑，又恐怕当即挑明会发生摩擦，可暂且搁置一段时间再发问，这时，即使对方露出惊讶的表情："刚才不是回答过了吗？"也不妨提出"请再说明一次"的要求。如果对方第二次的答复与第一次有所出入，则应进一步追问："此处可否具体加以说明？"最后要注意的一点是所提出的问题必须深入，以便找出确实的答案。"依你的看法，假如要避免这件事，该怎么处理比较妥当？"如果答案接近自己的设想，即可以"那真是好主意！"予以总结。

8. 问题要简短

在谈判过程中，提出的问题越短越好，而由问句引出的回答则是越长越好。因此，我们应尽量用简短的句式来向对方提问。因为当我们提问的话比对方回答的话还长时，我们就将处于被动的地位，这种提问是失败的。

提问是很有力量的谈判方式，因此在应用时必须审慎明确。问题决定讨论或辩论的方向，适当地发问常能决定谈判的结果。

9. 在对方发言停顿、间歇时提问

谈判中，如果对方发言冗长，或不得要领，或把精力都放在了细枝末节上，或谈些与主题不相关的问题，就会影响谈判进程。那么，你可以在他停顿、间歇时提问。这是掌握谈判进程、争取主动的绝佳时机。

无声胜有声，适时沉默也是一种技巧

在谈判中，沉默也是一种说话之道。任何谈判都要注意实效，要在有限的时间内解决各自的问题，有些谈判者口若悬河、妙语连珠，总能在谈判的过程中以绝对优势压倒对方，但谈判结束后却发现并没有获得多少有用信息，交易结果令人失望，与谈判中气势如虹的表现不相匹配，可见在谈判中多说无益。相反，很多时候，恰到好处的沉默却可以收到"此时无声胜有声"的效果。

有位著名的谈判专家一次替他的邻居与保险公司交涉赔偿事宜。理赔员先发表了意见："先生，我知道你是谈判专家，一向都是针对巨额款项谈判，恐怕我无法承受你的要价，我们公司只能出100美元的赔偿金，你觉得如何？"

专家表情严肃，默默不说话。根据以往经验，不论对方提出的条件如何，都应表示不满意，此时，沉默就派上了用场。因为当对方提出第一个条件后，总是暗示着可以提出第二个、第三个……

理赔员渐渐沉不住气了："抱歉，请勿介意我刚才的提议，再加一些，200美元如何？"长时间的沉默过后，谈判专家开腔了："抱歉，无法接受。"

理赔员继续说："好吧，那么300美元如何？"

专家过了一会儿，才说道："300美元？嗯……我不知道。"

理赔员显得有点慌了，他说："好吧，400美元。"

又是踌躇了好一阵子，谈判专家才缓缓说道："400美元？嗯……我不知道。"

"就赔500美元吧！"理赔员做了最后的让步。

就这样，谈判专家只是重复着他良久的沉默，重复着他的痛苦表情，重复着说不厌的那句话。最后，这件理赔案终于在500美元的条件下达成协议，而邻居原本只希望要到300美元。

谈判是一项双向的交涉活动，各方都在认真地试探对方的反应，以准备随时调整自己原先的方案。此时，一方若干脆不表明自己的态度，只用良久的沉默和"不知道"这些可以从多角度去理解的无声和有声的语言，就可以使对方摸不清自己的底细而做出有利于己方的承诺。上述谈判中专家正是利用这一点，使得价钱一个劲儿自动往上涨。

在谈判中的关键问题或者是有争议的问题上，谈判双方都会急于要求对方表态，这时，你完全可以反其道而行之，一言不发或者避而不谈，借以扰乱对方的心理，迫使对方说出自己的真实意图，然后迅速出击，达到改变对方谈判策略的目的，这就是沉默策略。

美国科学家爱迪生发明了发报机之后，因为不熟悉行情，不知道能卖多少钱，便与妻子商量，他妻子说："卖两万。""两万？太多了吧？""我看肯定值两万，要不，你卖时先套套口气，让他先说。"在与一位美国经纪商进行关于发报机技术买卖的谈判中，这位商人问到货价，爱迪生总认为两万太高，不好意思说出口，于是沉默不答。商人耐不住了，说："那我说个价格吧，10万元，怎么样？"这真是出乎爱迪生的意料，爱迪生当场拍板成交。爱迪生不自觉地应用沉默取得了奇妙的谈判效果。

沉默是一种无声的语言。在谈判中，当不熟悉对方底细时，可以恰当地使用沉默，向对方展开心理攻势，造成一种心理上的压力。同时又可以给己方创造回旋余地，给己方审时度势创造机会，从而达到克敌制胜、游刃有余的目的。

日本与美国家电公司是合作伙伴，正进行一场贸易谈判。谈判刚开始，美方代表即滔滔不绝地向日方介绍情况，反观日方却一言不发，认真倾听，埋头记录。当美方代表报告完毕，征询日方意见，得到的回复却是"听不明白，要认真回去研究一下"。

第二次谈判却已换上全新战阵，美方得重新介绍一遍。日方坚持埋头记录，始终未发一语。第三次如是，只承诺有决定即通知美方。半年过去，美方仍收不到回音，开始烦躁不安，这时日方却由董事长亲率代表团远赴美国谈判，在对方毫无准备下抛出最后方案，催迫美方商谈细节，最终以最快速度达成了有利于日方的协议。

日方取胜之道，在于不露底牌，令对方未能做出合适反击，加上拖延时间，更令对方急躁无比，在美方感到无望之际，突然反攻，打了一场漂亮的胜仗。

事实上，谈判并不是侃侃而谈就能够取胜的，有些时候沉默是最有效的反击。任凭对方夸夸其口，我们就保持沉默不语，顶多两次，第三次对方就会泄气，那时候我们再主动出击、反客为主，这种方式相当有效。

美国印刷业的一个老板，在经营企业多年之后萌发了退休的念头。他原来购进的印刷设备，折旧后约值300万美元。这表明他出售这批机器的底价是300万美元。有一个买主在谈判时，针对这套设备滔滔不绝地讲了很多缺点和不足，这使他极其恼火。但就在他刚想发火的时候，突然想起了自己的底价，于是沉住气，一言不发，继续听那人滔滔不绝地讲个不停。最后，那人好像再也没说话的力气了，突然冒出来了一句："老兄，依我看，你这套设备最多值380万美元，再多的话我可就不要了。"于是，这老板十分幸运地多赚了80万美元。

在谈判中，我们有时会遇到强劲的攻击型对手，他们咄咄逼人，气势汹汹。对这种人，采用沉默的方法，往往能收到很好的效果。当然，如果用沉默来对付饶舌的对手，也要注意礼貌问题。如果对方在兴致勃勃地讲述，而你却表现得极不耐烦，或无动于衷，那都是不礼貌的。

打破僵局，掌握谈判的主动权

在谈判中，双方观点、立场的交锋是持续不断的。当利益冲突变得不可调和时，僵局便会出现，就会影响谈判协议的达成。无疑，这是谈判人员都不愿看到的。因此，在双方都有诚意的谈判中，要尽量避免出现僵局。但是，谈判本身又是双方利益的分配，是双方的讨价还价，僵局的出现也就不可避免。因此，仅从主观愿望上不愿出现谈判僵局是不够的，也是不现实的，必须正确认识、慎重对待、认真处理这一问题，掌握处理谈判僵局的策略与技巧，从而更好地争取主动，为谈判协议的签订铺平道路。

那么如何打破谈判僵局呢？

1.转移话题

所谓转移话题，就是坚持谈判目标，通过变换话题，改变和缓和谈判的气氛，使双方在崭新和良好的谈判氛围里重新讨论有争议的问题，促成双方达成协议。

在谈判中，当对方固执己见，并且双方观点相差甚大，特别是在对方连续提出反对意见、态度十分强硬等不良情况出现时，常常需要采用转移话题法，即为转移对方对某一问题的注意力或控制对方的某种不良情绪，而有意将谈话的议题转向其他方面的方法。

北方某玻璃厂与美国E玻璃公司谈判引进设备事宜。在全套引进还是部分引进这个议题上僵住了，双方代表各执一词，相持不下。北方某玻璃厂首席代表为达成预定的目标，决定打破这个僵局。他略经思索后，笑了笑，换了一种轻松的语气，避开争执点，转而说："你们E公司的技术、设备和工程师都是世界一流的。你们投进设备，我们双方技术合作，帮我们把厂办好，一定要用最好的东西，因此，我们一定能够成为全国第一。这不但对我们有利，而且对你们也有利。"

E公司的首席代表是位高级工程师，他听到这番话自然很感兴趣。气氛顿时变得活跃起来了，但这只是北方某玻璃厂首席代表欲达成目的第一步，更重要的还在后头。于是，他乘势话锋一转，接着说："我们厂的外汇的确很有限，不能买太多的设备，所以国内能生产的就不打算进口了。你们也知道，法国、日本和比利时目前都与我们有技术合作，如果你们不尽快和我们达成协议，不投入最先进的设备、技术，那么你们就要失去中国的广大市场了，人家也会笑话你们E公司失去良好商机。"

僵局立刻得到了缓解，最后双方终于达成协议。北方玻璃厂省下了一大笔钱，而E公司也因帮助该厂成了全国同业中产值最高、耗能最低的企业而名声大噪，赢得了很高的声誉。

当谈判双方所提条件差距较大，且都不愿意做出妥协和退让时，冲突甚至僵局就会出现。此时，转移话题不失为一种有效的办法。上例中北方某玻璃厂首席代表利用转移话题的方法，避开了"全套引进还是部分引进"这个焦点问题，将讨论转移到了合作共赢的问题上来，结果促进了谈判的成功。

转移话题的目的是为了更好地切入正题，特别是由于双方的意见、条件相距较大，且又都不愿意做出妥协和让步时，转移话题不失为一种良策。在僵持状态下，如果通过巧妙地变换话题，把争议的问题放置在一边，改变和缓和交谈的气氛，使对方在融洽的谈话气氛里重新讨论有争议的问题，这是一种以积极的态度扭转交谈局面的方法。实际的谈判结果也证明，有时只有通过转移话题，才能更好地实现谈判目标。

2.寻求其他解决方案

谈判各方在坚持自己的谈判方案并且互不相让时谈判就会陷入僵局，此时，最好的解决办法是，放弃自己的谈判方案，共同寻求一种可以兼顾各方利益的第三种方案。

20世纪80年代中期，美国一家大型企业来华投资兴办合资企业，在完成技术、商务谈判后，中外双方在起草合资企业的合同时，发生了严重的意见分歧。美方坚持要求在合同中写明，该合同的适用法为美国某州州法，中方代表则认为这是无视我国涉外经济法规的无理要求，坚决不予考虑，双方立场僵持不下。美方负责此项谈判的福特先生花费了大量时间、精力和费用，眼看谈判将要前功尽弃，不禁黯然神伤。这时，一位通晓中外双方经济法的专家约请福特先生晤谈，专家从中了解到美方的要求是出于对当时中国保护知识产权方面法律体系不完备的担忧。因为若干年前，美方这家公司由于对公司生存至关重要的专有技术在向他国转让时未能受到应有保护而险些破产，因此他们在技术转让问题上就格外谨慎。对此，中方十分理解。于是，一方面中方直接与该公司总部的法律部主任联系，解释中国法制建设情况及对保护技术的积极态度；另一方面中方提出一个建设性方案，即在合同中写明：该合同适用法为中国法律，在我国现有法律个别不完备之处，再补充几个专门的保护条款，这些补充条款适用于美国纽约州州法（因我们对美国另一州的法律知之甚少，故建议改成适用纽约州州法）。这一方案提出后，美方代表对我方的诚意十分敬佩，并很快同意我方方案，僵局随之化解。两年后合资企业已正常生产，其后几年业务不断发展，效益颇佳。1992年，美方投资者再追加投资2000万美元，扩展在华业务。

1993年，福特先生再次陪其总裁访问中国见到老朋友时，一再强调：正是由于当初谈判僵局被巧妙化解，才给其公司业务发展带来新的生机，与中国合作取得了突破性的成就，也使其自己得到了提升，他因此十分钦佩中国朋友的真诚与才华。

当然，现在我国的有关涉外经济法规正在不断完善，类似这样的僵局可能不会再发生，但当时处理僵局时所采取的实事求是的态度，创造性的妥协方案，对今后谈判还是有现实指导意义的。

谈判时出现僵持的局面是很正常的事情，关键在于怎样去解决，如何打破僵局从而顺利与对方达成对自己有利的协议。适当地妥协，寻求其他解决方案，有助于双方达成一致的协议，这不失为打破谈判僵局，促成和谈的一个好办法。

有效说服，促成谈判成功

在谈判中，最重要的工作就是说服，说服常常贯穿于谈判的始终。那么，如何在谈判中说服对方接受自己的观点，以及应当怎样说服对方才能促成谈判的和局，就成了谈判成功的一个关键。

卡耐基每季度都要租用纽约的某家大旅馆的大礼堂20个晚上，用以讲授社交训练课程。有一个季度，在授课即将开始时，卡耐基忽然接到通知，要其付比原来多三倍的租金。而这个消息到来以前，入场券已经印好，而且早已发出去了，其他准备开课的事宜都已办妥。怎样才能交涉成功呢？两天以后，卡耐基就去找那个经理了。

"我接到你们的通知时，有点儿震惊，"卡耐基说，"不过这不怪你。假如我处在你的位置，或许也会写出同样的通知。你是这家旅馆的经理，你的责任是让旅馆多盈利。如果你不这么做的话，你的经理职位就难以保住。假如你坚持要增加租金，那么就让我们来合计一下，这样对你有利还是不利。"

"先讲有利的一面，"卡耐基说，"大礼堂不出租给讲课的而是出租给办舞会和办晚会的，那你可以获大利了。因为举行这类活动的时间不长，他们能一次性付出很高的租金，比我的租金当然要多得多。租给我，显然你吃大亏了。"

"现在，来考虑一下'不利'的一面。首先，你增加我的租金，确实是降低了收入。由于我付不起你所要的租金，我势必再找别的地方。"

"对你不利的是这个培训班将吸引成千的有文化、受过教育的中上层管理人员到你的旅馆来听课。对你来说，这难道不是起了广告作用吗？事实上，假如你花5000元在报纸上登广告，你也不可能邀请这么多人亲自到你的旅馆来参观，可我的培训班给你邀请来了。这难道不合算吗？请仔细考虑后再答复我。"讲完后，卡耐基离开了。

最终，旅馆经理做出了让步。

通过这个事例可以看出，在卡耐基说服旅馆经理的过程中，没有谈到一句关于他自己要什么的话，而是站在经理的角度想问题。这就告诉我们，把他人的利益放在明处，将自己的利益放在暗处，这样不但会达到自己的目的，而且可以获得对方的人情。这确实是一种比较精明的说话之道。

在谈判中，说服即设法使他人改变初衷，心悦诚服地接受你的意见，这是一项非常重要的技巧，同时它也是一项较难掌握的技巧，往往是多种方法、多种策略的综合应用。

下面的技巧虽然不是进行说服工作的唯一途径，但却是较有效的方法。

1. 找出问题所在

在与顾客谈判之前，记下你所能想到的所有切入点。在这个阶段，要通过提一些试探性的问题，来找到对方问题之所在。

2. 协商解决方案

要和对方一起工作，并努力使对方同意你提出的解决他的问题的总体方案。当他支持你的建议时要鼓励他，并引导他在这种情况下表态。

3. 选择主要的利益

只告知在有利于你的解决方案的建议中对他有利的那些利益。你的资料公开得越多，你的优势就越小。其他好处应备而不用，以备不时之需。

4. 寻找充分的论据

为了支持你的观点，尤其是当你谈到你的服务质量时，要给对方提供证据，如表格、数字、各种曲线图、草图、图片、试验结果、研究数据等。必要时还须描绘出你的服务在哪些方面是最好的，并对你说的话提供更有力的论据。

5. 细分对方的代价

把对方的代价和另外一些小额费用进行比较，把对方的代价在时间上错开，分成小块。不要在这一阶段徘徊，要立即进入下一阶段。

6. 取得对方的认可

要让对方和你走一条路，如果他想走回头路进行抵制，你就重新把问题再提出来。你应该在下一阶段到来之前确保他能持赞成态度。

7. 给对方一个额外的好处

说明了对方的代价以后立即给一项利益，这样更易让对方接受代价。

8. 把赚取的利益累积起来

把对方到此为止的所有利益都加起来，并和他一起算出他所获得的毛利。

总之，作为谈判中的一项十分重要的工作，说服往往贯穿于谈判的整个过程。谈判者在谈判中能不能说服对方接受或认同自己的观点，是谈判能不能成功的一个关键。

第六章　销售妙语：找对方法轻松推销

将意见转化为建议，客户更容易接受

在与客户沟通的过程中，如果你想要把自己的意见或思想强加给顾客并让其去接受，是很难的事情，与其这样，不如提出有效的建议，然后让顾客去想结论。

但事实上，很多人都因为一心急于说服客户，改变客户的想法，一逮着机会，就滔滔不绝说个没完，丝毫不留给客户表达自己想法的机会。事实上让客户心悦诚服最好的方法是让客户得以充分地表达自己的想法。

一位专门负责销售装帧图案的销售人员，在向一家公司销售装帧图案时，每次这家公司的主管人员总是先看看草图，然后遗憾地告诉他："你的图案缺乏创新，我们不能用。"

一个偶然的机会，这位销售员读到了一本如何影响他人行为的心理学方面的书籍，深受启迪。于是，他带着一些未完成的草图，再次找到那位公司主管说："我这里有一些未完成的草图，希望您能从百忙中抽空给我指点一下，以便让我们能根据您的意见把这些装帧图案修改完成。"这位主管人员答应看一看。

几天以后，这位销售员又去见那位主管人员，并根据他的意见，把装帧图案修改完成，最后，这批装帧图案全部销售给了这家公司。自此之后，他又用同样的方法顺利而成功地销售出许多装帧图案，并因此而获得了丰厚的报酬。

这位销售员在谈到成功经验时说："我以前一直无法成功是因为我强迫别人顺应自己的想法，现在不同了，我请他们提意见，这样，他们就觉得自己参与了创造设计，即使我不去销售，他们也会来买。"

如果你想使客户信服，就应该记住：要换位思考，别将自己的意见强加于客户身上。没有一位客户喜欢被迫进行商品买卖的。换一个角度，如果你想赢得客户或者要征询客户的意见及需求，就让客户出于自愿。

机械工业部所属的某大学，准备建立一座现代化的电教大楼，一些厂家得知这一消息后，纷纷上门，希望该校负责设备的张教授购买他们的产品，有的一个劲地向张教授介绍他们厂的产品如何如何好；有的销售人员还暗示，如购买他们厂的产品，可以从中得到一笔可观的回扣，等等，而A厂的王主任，却采取了与众不同的方法，他给张教授写了一封信，内容大致如下：尊敬的张教授，我们知道您是电化教学仪器设备的专家，今天写信打扰，是因为有一件事希望您能帮点小忙，我们厂最近生产了一套电教方面的设备，在批量生产之前，我们想请您指导一下，看看哪些地方尚需改进。我们知道您的工作很忙，因此很乐意在您指定的任何时间，派车前往迎接。

接信后，张教授感到十分荣幸。他立即给王主任回信：本周末愿意前往。在王主任陪同下，张教授仔细观察、试行操作了该厂的产品，结果，只在一些小细节上提出了一些改进意见。回校三天后，厂里接到张教授的来信："经研究决定，我们将购买贵厂的电教产品。"王主任运用"软销售"的方式，让张教授自愿选购，并让他觉得这完全是他自己的主意，从而获得了销售的成功。

在与客户沟通的过程中，让客户觉得办法是他自己想出来的，的确是一个屡试不爽的方法。要避免以己度人，改变他人而不致伤感情或引起憎恨。如果你想说服客户，想影响客户从而接受你的思想方式，你就要将意见变成建议。

事实上，如果你靠说去折服客户几乎是不可能的，其结果恰恰相反。有些人一见到客户就滔滔不绝地说个不停，让客户完全失去了发表意见的机会，使客户感到厌烦。一旦客户厌烦，不用说，你与客户的沟通注定要失败。所以，在沟通过程中，你所要做的不是去强迫别人接受你的想法和产品，而是要让客户心甘情愿地接受你的东西。

赞美可以赢得客户好感

真诚地赞美客户，一直都是销售员获得客户好感的最有效方法。法国作家安德烈·莫洛亚说过："美好的语言胜过礼物。"在实际生活中，每个人都有一些不同于他人的东西，并常因此而引以为傲，希望为人所知，受人称赞。销售员如果能真诚地赞美客户，就可以满足客户的虚荣心，从而获得其好感。

马丽开了一家服饰店。她的店铺位置并不怎么好，但令人惊讶的是，开张不久，她的生意就已经红红火火了。同行对此非常好奇，很想了解她的经营秘诀，于是便偷偷地观察起了她。

马丽个子娇小、性格活泼、说话亲切、待人友善，是那种让人一见就喜欢的人。有一天，一对年轻的夫妇来到她的店里看衣服。一见到有客人来了，她连忙上前向他们热情地打招呼。

这对年轻的夫妇看了一会儿，年轻的妻子便在一件漂亮的大衣前挪不动步了。见此情形，马丽便适时地走上前去，得体地向那对年轻的夫妇推销了起来。听了马丽的介绍，两人更加心动了。不过，那位妻子还是表露出遗憾的表情："这件大衣确实非常不错，可惜太贵了！"

"价格方面有商量。关键是合不合您身，如果您穿起来不合身，不能彰显您优雅的气质和曼妙的身材，即使送给您也没用，对吧？不如您试穿一下吧？"

等她试穿完后，马丽问："您穿上去之后，感觉如何？"那位妻子回答说："感觉是很好，只是价格太贵。"

"您肯定明白这样的道理：一分钱一分货。如果价格太低了，成本都不够啊。其实，您也可以这样想一想，您把这个价格除以十，因为这件大衣您至少可以穿十年。而且当您参加同学的婚礼或某个重要的宴会时，穿着这件品位出众的大衣一定会令您增色不少。同时，迷人的穿着会让您先生赏心悦目，大方高贵又会让您先生倍儿有面子。您说是不是呢？"

马丽一边说一边看看那位妻子，又看看那位丈夫。这时候，丈夫虽然没说什么，但脸上的表情已经出卖了他——他想为年轻的妻子买下这件大衣。

于是，马丽又说："小姐，您真幸运，有许多太太到这儿都看上了这件大衣，可惜并不是每个人都适合穿这件衣服，不过您的气质与品位真的和这件大衣很配。"马丽这一番话说得这对年轻夫妇心花怒放，最后，两人决定买下了这件价值不菲的大衣。

销售往往就是这样，赞美说得好，产品就畅销。马丽平时在和客户交谈时，总是懂得察言观色，善用得体的赞美去夸奖客户，所以客户都很乐意听她说话，很多客户都成了她的回头客，而且还经常给她推荐新客人。长此以往，试想一下，马丽的生意能不兴隆吗？

赞美别人也是一种美德，但最好不要说违心话。当你认为这样赞美最恰当时，那就赞美他几句，这就是所谓的极好的赞美时机。只要你的赞美有根据、发自内心，对方的自尊心被你所承认，那对方一定会非常高兴。

杰克刚刚进入推销行业不久，还是一个处于学习阶段的学生。

一天，一位推销行业的前辈带他去上门推销，希望他能够在实际工作中尽快地学到一些经验。

杰克十分崇拜这位前辈，对前辈的一言一行也都仔细观察，用心记忆。一天，他发现前辈一见到约见的客户，就笑容满面地说："我听说您最近又做了不少善事，真是心地善良的人啊，那些穷苦的人能够遇见您，真是他们的幸运。"

本来是一脸严肃的客户听见这句话，立即喜笑颜开地说："哪里哪里，这是应该的。"

于是洽谈的气氛变得融洽许多，曾遭到拒绝的生意现在也谈成了。杰克仔细分析后认为，是前辈的那句赞扬的话起到了关键性的作用，于是勤奋好学的他将这句话记到了本子上。

老师终于同意让杰克独自去完成任务了。他的第一个客户是一个玩具商，在见到这位客户之前，杰克做了大量的准备工作，包括如何将寒暄引入正题、如何说服客户。在自认为准备得十分充分之后，他敲响了玩具商的门。

杰克见到玩具商一脸严肃，决定先缓和一下气氛，于是他故作兴奋地说："我听说您最近又做了不少善事，真是心地善良的人啊，那些穷苦的人能够遇见您，真是他们的一种幸运。"

玩具商听了这些赞扬后目瞪口呆，心想："我最近根本没做任何善事，这位推销员肯定是记错人了，我不能允许一个不重视我的人在我的办公室里。"于是玩具商说："先生，恐怕你是认错人了，我很忙，请回吧！"

就这样，杰克还没有开口谈正事，就被拒绝了。

这说明了一个道理：赞美一定要建立在真实的基础之上，尽管人人都希望被赞美，但当赞美一些不符合现实的东西的时候，被赞美的人往往会产生"他说的是我吗"的想法，同时也会得出"这是一个虚伪的人，他所说的话不值得信任，他的商品更不值得信任"的结论。一旦客户得出这样的结论，你再如何能言善道，也将是徒劳。

作为销售人员，最重要的就是要做到被人接受，被越少的人拒绝就意味着越成功。那么，怎样才能做到被顾客接受呢？在销售人员话术中，赞美是行之有效的方法，但是盲目赞美也是不能被人接受的，甚至会引起顾客反感。因此，我们说，赞美必须发自内心，即赞美必须注入真诚，说话的魅力并不在于你说得多么流畅、多么滔滔不绝，而在于你是否善于表达真诚。

幽默的语言更容易打动客户的心

幽默是沟通的金钥匙，它具有很大的感染力和吸引力，能迅速打开顾客的心灵之门，让顾客在会心一笑后，对你、对商品或服务产生好感，从而诱发购买动机，促成交易。

当销售大师乔·吉拉德请客户在订单上签字的时候，客户却坐在那儿犹豫不决，对此，乔·吉拉德幽默地说："您怎么啦？该不会得了关节炎吧？"这句话常常能使客户窃笑，继而忍不住突然哈哈大笑起来。乔·吉拉德甚至还可能放一支钢笔在他手里，然后把他的手放在订单上说："开始吧！在这儿签下您的大名。"当吉拉德这样做的时候，他的脸上带着自然大方的微笑，但同时吉拉德又是认真的，而客户也知道吉拉德不是在开玩笑。

如果这位客户依然拿不定主意，吉拉德就会说："我要怎样做才能得到您的这笔生意呢？难道您希望我跪下来求您？"随后，吉拉德可能就会真的跪倒在地，抬头望着客户说："好了，我现在就求您，谁会忍心拒绝一个肯下跪的成年男子呢？来吧，在这儿签上您的名字。"要是这一招还不能打动客户的话，吉拉德会接着说："您究竟要我怎么做才肯签呢？难道您希望我躺在地上？那好吧，我就赖在地上不起了。"

这种方法会让大多数人捧腹大笑，他们说："乔，别躺在地上。你要我在哪儿签名？"随后，大家都笑了起来，而客户最终会签名。

如果你在与客户沟通的时候表现出色，那么客户是很愿意从你那儿购物的。尽管有很多人说他们对外出售车常常感到发怵，但是乔·吉拉德的客户不会这样说。人们总是说："与乔·吉拉德做生意是一件很愉快的事情。"相信这句话并不是毫无意义的。

由此可见，爽朗的性格和幽默的谈吐都是赢得对方好感的极其重要的因素。爽朗的性格和幽默的谈吐有助于你营造一个愉快的沟通氛围。

那么为什么爽朗和幽默的性格能吸引别人呢？这便要从人的心理角度来分析。人是一种矛盾的动物，他一方面不堪忍受孤独寂寞，要与他人交流沟通，具有群居性；另一方面人们对陌生人总有一种戒备心和恐惧感。所以，碰到陌生人的第一反应便是关起心扉；然而又并不仅仅如此，他还想去了解探察别人。如果这个陌生人表现出爽朗善意、幽默的谈吐风格，对方便会慢慢了解到你并不是"来者不善"，从而谨慎地打开心扉。

曾有一位销售精英讲过一个这样的故事，很耐人寻味。

情人节那天，我和两位同事相约在某酒店吃饭。酒过三巡，不知道怎么混进来的一个黑瘦的卖花童突然凑到我们桌前。

我们三个一起摆手，说："没有女孩，买什么花啊，找别人去吧！"小家伙没动，笑着说："现在男人也流行送花啊！"说完从怀里抽出一枝玫瑰递给一个同事说："叔叔，这个就算我送您的吧！"

我们不解，小家伙一拍胸脯："我也是男人嘛！"那位同事略显尴尬，为了不让大家误会"男人的感情"，马上掏出十元钱，连说这枝玫瑰算买的。

我在一旁哈哈大笑。没想到小家伙又抽出一枝递给我，对那位同事说："这枝我替您送给这位叔叔吧！"现在轮到那位同事哈哈大笑了。我忙掏出十元钱，说："我也买一枝。他这光棍一条，我可不想接他送的玫瑰。"

然后，小家伙从桌上的烟盒里拿出一根烟递给另一位同事，又帮忙点上。小家伙放下打火机说："老板，我给您捶捶背吧！"说完一手揽花，一手在他背上捶起来。

另一位同事冲我们使眼色，故意说："我可不买花啊！"小家伙嘿嘿一笑："老板您不用买花，一会儿给点赏钱就行，这种服务……"听到这儿，另一位同事连连摆手："好了好了，我看还是买一枝合算。"

忙掏出十元钱递过去。

小家伙深深鞠了一躬，道了声谢便转身跑了。我们不禁赞叹他的机灵劲儿。说实话，我们三个可都是公司的销售精英，没想到今天几分钟便让一个卖花小孩"拿下"，实在出乎意料。

当我们走出酒店时，看到几乎每个桌上都摆着几枝玫瑰，连保安的衣兜里都插着一枝，这下我们服了。

在与客户的沟通中，幽默语言不仅可以缓和谈话的气氛，打破僵局，还可以用幽默的语言刺激顾客的消费意识，让顾客在不知不觉中进入你设好"圈套"内。

成功的沟通，源自语言的艺术。出色的销售人员，是一个懂得如何把语言的艺术融入商品销售中的人。美国一项有329家大公司参加的幽默意见调查表明：97%的销售人员认为，幽默在销售中具有很重要的价值；60%的人甚至相信，幽默感决定销售事业成功的程度。

有这样一个笑话：

有两家保险公司的销售人员在销售本公司的保险业务时，争相夸耀自己公司的服务如何周到，付款如何迅速。A公司的业务员说："我们保险公司十有八九是在意外发生的当天就把支票送到投保人的手中。"而B公司的业务员也不甘认输，于是便取笑说："那算什么。我们公司在一幢四十层大厦的第二十三层。有一天，我们的一位投保人从顶楼摔下来，当他在摔落的途中经过二十三层时，我们就已经把支票塞到了他的手里。"其结果是那位B公司的业务员赢得了更多的客户。

这虽然是个笑话，却能让人感受到幽默的魅力。对于销售人员而言，只有把幽默带进销售领域，创造一个与顾客齐声大笑的场面，形成幽默的销售艺术风格，在激烈的市场竞争中才会多一份获胜的希望和意外的欣喜。

永远不要和客户争吵

在与客户沟通的过程中，不管客户如何批评，我们都不要与客户争辩，争辩不是说服客户的好方法。与客户争辩，失败的永远是我们自己。

欧哈瑞现在是纽约怀德汽车公司的明星销售员。那么他是怎么成功的？这是他的说法：如果我现在走进顾客的办公室，而对方说："什么？怀德卡车？不好！你送我我都不要，我要的是何赛的卡车。"我会说："老兄，何赛的货色的确不错。买他们的卡车绝对错不了。何赛的车是优良公司的产品，业务员也相当优秀。"

这样他就无话可说了，没有争论的余地。如果他说何赛的车子最好，我说不错，他只有住口。他总不能在我同意他的看法后，还说一下午的"何赛的车子最好"。接着我们不再谈何赛，我就开始介绍怀德的优点。

而当年我若是听到他那种话，我早就气得不行了。我会开始挑何赛的错；我愈批评别的车子不好，对方就愈说它好；愈是辩论，对方就愈喜欢我的竞争对手的产品。

现在回忆起来，真不知道过去是怎么干推销工作的。花了不少时间在争辩，却没有取得有效的成果。

卡耐基指出："十之八九，争论的结果会使双方比以前更相信自己是绝对正确的。要是输了，当然你就输了；如果赢了，还是输了。为什么？你的胜利使对方的论点被攻击得千疮百孔，证明对方一无是处，那又怎么样？你会扬扬自得。但他呢？你使他自惭。你伤了他的自尊，他会怨恨你的胜利。而且对方即使口服，但心里并不服。"

一句销售行话是："占争论的便宜越多，吃销售的亏越大。"销售不是向客户辩论、说赢客户。客户要是说不过你，他可以以不买你的东西来"赢"你。不能语气生硬地对客户说"你错了"、"连这你也不懂"。这些说法明显地抬高了自己，贬低了客户，会挫伤客户的自尊心。

位于美国纽约的麦哈尼公司，是一家专门经销石油工业非标准设备的公司。有一次，该公司接收了长岛石油集团公司的一批订单。长岛集团在石油界举足轻重，是麦哈尼公司的重要顾主。麦哈尼公司接收订单后不敢怠慢，抓紧时间把图纸设计好了，送到长岛石油集团公司去审核。图纸经石油公司的总工程师批准后，麦哈尼公司开始动工制造。

然而，不幸的事情发生了：那位顾主是长岛石油集团公司的订货人，他在出席朋友家的私人宴会时，无意中谈起了这批订货。几位外行人竟然信口雌黄，说什么设计不合理、价格太贵等缺陷，大家七嘴八舌、叽叽喳喳。不负责任的流言飞短流长，使这位顾主产生了被人欺骗的感觉。这位顾主开始时六神无主，继而觉得真有其事，最后竟拍案而起，勃然大怒。他打电话给麦哈尼先生，大发雷霆，把麦哈尼公司臭骂一顿，发誓不接受那批已经开始制造的非标准设备。说完，啪的一声，把电话挂断。

电话那头，麦哈尼先生呆若木鸡。他被骂得丈二金刚，摸不着头脑。他还没来得及转过神，没有申辩一句，顾主就把电话摞了。

麦哈尼先生从事石油非标准设备制造多年，经验丰富，是一位懂技术的经理。他把蓝图拿来，一一对照仔细检查，看不出半点纰漏。凭经验，他确认设计方案无误，于是就乘车去长岛石油公司求见那位顾主。在路上，他想，如果我坚持自己是正确的，并指责顾主在技术上错误的认识，那么必将激怒顾主，激化矛盾，使事态变得更加严重。当麦哈尼先生心情平静地推开顾主办公室的门时，那位顾主立刻从椅子上跳起，一个箭步冲过来，噼里啪啦数落了一顿。他一边滔滔不绝，一边挥舞着拳头，气势汹汹地指责着麦哈尼公司。

在一个失去理智的人面前，麦哈尼先生不气不恼，两眼平静地注视着对方，一言不发。也许是麦哈尼先生不温不火的态度感染了顾主，使顾主发现自己对一个心平气和的人发火是没有道理的。他突然停止了指责，最后耸耸肩，两手一摊，用平常的声音说了一句："我们不要这批货了，现在你看怎么办？"麦哈尼公司为这批订货已经投入了2万美元。如果对方不要这批货了，重新设计制造，公司就要损失2万多美元；如果与对方打官司，就会失去这家重要的顾主。麦哈尼先生是一位出色的销售员，当顾主大肆发泄一通后，麦哈尼先生心平气和地说："我愿意按照您的意愿去办这件事。您花了钱，当然应该买到满意适用的东西。"麦哈尼先生只用两句话，就平息了顾主的冲天怒气。他接着开始提问："可是事情总得有人负责才行，不知这件事该您负责，还是该我负责。"平静下来的顾主笑着说："当然得你负责，怎么要让我负责呢？"

"是的。"麦哈尼说，"如果您认为自己是对的，请您给我张蓝图，我们将按图施工。虽然目前我们已经花去两万美元，但我们愿意承担这笔损失。为了使您满意，我们宁愿牺牲两万美元。但是，我提醒您注意，如果按照您坚持的做法去办，您必须承担责任，如果让我们照着计划执行，我负一切责任。"

麦哈尼先生坚定的神情、谦和的态度、合情合理的谈话，终于使顾主认识到他发脾气是没有道理的。他完全平静下来以后说："好吧，按原计划执行，上帝保佑你，别出错！"结果当然是麦哈尼先生没有错，按期交货后，顾主又向他们订了两批货。

麦哈尼先生说："当那位顾主侮辱我，在我面前挥舞拳头，骂我是外行时，我必须具备高度的自制力，绝对不能与他正面冲突。这样做的结果很值得。要是我赤裸裸地直接说他错了，两人争辩起来，很可能要打一场官司。那时的结果是：感情和友谊破裂，财产损失。最终失去一位重要的顾主。在商业交往中，我深深相信，与顾客争吵是划不来的。"

人有一个通病，不管有理没理，当自己的意见被别人直接反驳时，内心总是不痛快，甚至会被激怒，心理学家指出，用批评的方法不能改变别人，而只会引起反感；批评所引起的愤怒常常导致人际关系的恶化，而所被批评的事物依旧不会得到改善。当客户遭到一位素昧平生的销售人员的正面反驳时，其状况尤甚。不要完全否定客户的反对意见，即使是在议论上获胜，也会对客户的自尊造成伤害，此时要成功地商洽是不可能的。屡次正面反驳客户，会让客户恼羞成怒，就算你说得都对，也没有恶意，还是会引起客户的反感，因此，我们最好不要开门见山地直接提出反对的意见，要给客户留面子。

用数字说话，让客户信服

数字是一种语言符号，也是一种语言信息。数字能给人一种真实、具体的感觉，让对方在脑海里形成清晰的图像。在销售过程中如果能巧妙地运用数字，将会取得事半功倍的效果。

路易斯是一位烹调器推销员，他推销的烹调器每套价格是395美元。一次，路易斯到一个城镇推销，把镇上的人叫到一块，一边示范这套烹调器，一边强调它能节省燃料费用，同时，路易斯把烹调好的食品发给人们，请大家品尝。这时，当地一位有名的守财奴，一边吃着路易斯烹调的食品，一边说："他的产品再好我也不会买。"

第二天，路易斯首先来敲这位守财奴的门。守财奴一见到路易斯就说："见到你很高兴，但你知道，我是不会购买400美元一套的锅的。"

路易斯看看守财奴，从身上掏出一张面值一美元的纸币，把它撕碎扔掉，问守财奴："你心疼不心疼？"守财奴对路易斯的做法感到吃惊，但却说："我不心疼，你撕的是你的钱，如果你愿意，你尽管撕吧！"

路易斯说："我撕的不是我的钱，我撕的是你的钱。"

守财奴一听感到很奇怪："你撕的怎么是我的钱呢？"

路易斯说："你已结婚23年了，对吧？"

"是的。"守财奴回答道。

"不说23年，就算20年吧。一年365天，按360天计，使用我们的烹调器烧煮食物，每天可节省1美元，360天就能节省360美元。这就是说，在过去的20年内，你没有使用烹调器，就浪费了7200美元，这不就等于白白撕掉了7200美元吗？"

接着，路易斯盯着守财奴的眼睛，一字一句地说："难道今后20年，你还要继续再撕掉7200美元？"

最终，守财奴买下了这套锅。

路易斯把产品带给顾客的利益由抽象变为具体，把"节省"变成一个实实在在的数字，这些数字令他的推销取得了成功。因为很少有顾客会对7200美元不动心。

看，用数字说话，既显得专业，又能给人以信任感。在成交的过程中，客户对销售员本能地存在一种怀疑心理。这时候如果销售员能够拿出一系列统计数字，用数字来说话，相对来说就更容易说服客户。

如果你想让自己的话有说服力，就必须列出具体数据，仅有漂亮的外表而无内容的话是不会吸引人的。马克思说过："一种科学只有在成功地运用数学时，才算达到真正完善的地步。"说话时，借助数字和数学方法对客观事物进行精确计算和定量分析，有助于人们准确地掌握情况，进一步加深理解。因此我们应学会用数字说话。

有那么几年，全世界各地飞机经常失事，对经常外出旅行讲学者来说，是十分恐惧的。

有天在航空公司买机票时，有人开玩笑地向一位职员说："这样常常失事，有天被我碰上了，可就糟了，我看我还是自己开车子，长征讲学吧！"

这位职员不以为然地说："先生，因为飞机失事是件太严重、太不寻常的事，所以难得一次便惊坏了旅客。其实，飞机出事的概率比中奖概率还要低。"

"奖券也有期期都中的呀！难道飞机失事也班班有？"

"不可能，不可能，飞机故障的概率少之又少，正确地说，飞机失事比率十亿分之一都不到。"职员充满自信地解释。

这位职员这样一说明，用数字一比方，乘客镇定了，不安全感一扫而空，这就是数字的"魔术"。

用数字来支持你的观点，你将更有说服力。虽然数字是枯燥无味的，但有经验的人却知道，数字有一种非凡的力量，如果能巧妙地加以利用，就能发挥出意想不到的作用。

目前，越来越多的商家已经注意到了用数据说话的重要性，所以在广告宣传中，很多商家都运用数据来说话。比如"科学证明，我们的电池能待机15天"、"我们的洗衣粉能去除99％的污渍"、"我们已经对全国1000名使用者进行了连续1个月的跟踪调查，没有出现任何的质量问题"。

因为在客户看来，口说无凭的介绍是起不到任何作用的，也不能够刺激他们的购买欲望。现在人们对产品的要求越来越高，如果销售员能通过数据将产品展现给客户，就很有说服力了。

虽然用数据来说服客户和很多成交技巧一样，具有很好的作用，可以增强产品的可信度，但是如果使用不当，同样会造成极为不利的后果。单纯地罗列数据，不仅达不到预期的效果，而且还会令客户感到眼花缭乱，会使客户感觉到你的介绍非常单调，有时还会让客户产生你是在故意卖弄的想法。这就如同人们说话时运用修饰语一样，恰如其分的修饰语可以使你的表达更加形象生动，也可以向人们表明你的文采和才华。但是，如果张口闭口都是华丽的辞藻，那你就会给人们留下华而不实、故意卖弄学问的不良印象。

要想让你的数据说明具有更强劲的说服力，销售人员首先要挑选合适的时机。比如当客户对产品的质量提出质疑时，你可以用精确的数据来证明产品的质量。同时，销售人员还要注意适度运用数据，要懂得适可而止，不要随意滥用。

销售人员还要注意的是，有很多相关数据是随着时间和环境的改变而不断发生变化的，比如产品的使用年限和具体的销售数据等。所以销售员必须及时把握数据的更新和变化，力求提供给客户最准确、最可靠的信息。

销售员在运用精确数据说明问题、企图让数据更有说服力的时候，以下几点可做参考。

1.保证数据的真实性和准确性

销售员运用精确数据说明问题的目的就是要引起客户的重视并增强客户对产品的信赖，如果使用的数据本身不够真实和准确，那就会失去其原本意义。况且，一旦客户发现这些数据是虚假或错误的，他们就有充分的理由认为销售人员及其所代表的企业在欺骗和愚弄消费者。这种印象一旦产生，会迅速地给销售人员及企业带来极为不利的影响。

2.权威机构证明产品

权威机构已经在客户的心里留下了根深蒂固的印象，因此用权威机构来证明产品更有影响力。因为权威机构是某一领域具有威信的部门，所以他们做出的证明或承诺是经得起客户考验的。如果客户对产品的质量或其他问题存有疑虑，销售人员可以利用这种方式来打消客户的疑虑。比如，"本产品经过××协会的严格认证，在经过了连续×个月的调查之后，××协会证明本产品是完全经得起市场检验的。"

3.名人效应也能说明问题

销售人员总希望自己的产品能够给客户留下很深刻的印象，在列举了大量的数据后，销售人员可以借助那些影响力较大的人物或事件来加以说明，以此来增加成交量。

总之，使用的数据越精确，越能引起客户的重视和信赖。在使用数据说服客户时，一定要保证所用数据的真实性和可靠性，否则就会事与愿违。

第七章　情爱妙语：轻松俘获爱人的心

含蓄表达爱意，让人回味无穷

爱情的表达方式多种多样，表情、语言、行为、文字等，古往今来大同小异。但在表达时，含蓄还是外露，冷静还是疯狂，深沉还是轻佻，却因人而异，效果有时也是大相径庭。

有这样一位姑娘，长相不错，在选择对象时总是以刘德华为参照。结果光阴荏苒，青春几何，一晃姑娘就到了三十开外的"大龄青年"了。这年，姑娘终于和一个高个头、风度翩翩的小伙子相识了。姑娘对小伙子很是满意，因为担心失去自己的意中人，结果火爆地表达出了自己对小伙子的爱慕之情："我们结婚吧，我爱你！"结果可想而知，小伙子认定姑娘是有什么不可告人的隐私，就小心翼翼地和她分手了。相反，如果姑娘能含蓄地表达，插柳而不让春知，既文雅又知礼，没准两人已经在一起了。

表达爱意千万不能在大庭广众之下高声厉言，直来直去。表达爱意之时，女性通常都会带些羞涩。向对方求爱，还要给对方留下考虑的余地。因此，含蓄的表达，对于求爱者和被求爱者都是合适的。

所谓含蓄，即表面平静，内在激烈；表面质朴，内在丰富。可以说，爱情的含蓄美是贯穿于爱情生活的全过程的。电影《归心似箭》中，玉贞爱上了在她家养伤的抗联战士魏得胜，一天，魏得胜帮玉贞挑水，玉贞深情地说："好，让你挑……给俺挑一辈子。"含蓄地表达爱慕之情，是中华民族的传统美德，它给爱情的传达增添了柔情和蜜意。其实，无论是在西方还是东方，爱情的美丽就表现在恋爱方式也是一种含蓄的美。但应注意的是，不要把含蓄当成含糊，这样的含蓄表意不明，往往达不到预期效果。

一位性格内向的年轻人，暗恋一位女同事很久了，可是一直不敢表态。后来这位女同事跳槽到另外一家公司了，临走的时候，给这位年轻人留了一封信。

年轻人打开一看，信封里面只有一张用笔戳破了一个洞的白纸。年轻人一下子泄了气，想："她是叫我看破，不必太认真。"

后来，年轻人失落了很长一段时间，才让自己的心情慢慢地平复。两年之后，这位年轻人接到了那位女同事的电话，邀请他去参加自己的婚礼喜宴。

在电话中女同事说："有一件事我想问你，你看过当年我留给你的信了吗？"年轻人叹口气回答："看过了。"女同事问："那你为什么没有再和我联系？""你不是让我看破吗？所以……"没等他说完，女同事气恼地说："哪里是要你看破，我是要你突破！"

所以，表达爱意，除了要含蓄外，更重要的是要表意明确，让对方知道你的想法。

"斗嘴"也是一种爱的表达

爱情需要激情的碰撞，这就像玩碰碰车，乐趣全在于东碰西撞、你攻我守。这种游戏的新鲜与刺激就如同爱情中的甜蜜，绝非四平八稳的平淡感情所能比的。在许多青年恋人中，尤其是有较高文化素养的情侣中间，有一种十分独特、有趣的语言游戏，很像这种碰碰车，那就是斗嘴。斗嘴不是吵嘴，不是口角，天真无邪地斗嘴是爱的食料。

小赵正处于热恋之中，可惜两人住得比较远，周末去赴约，便是他一周中五天时时渴望的"必修课"。据小赵说，每次与女友见面之后，他都少不了挨人家姑娘话里话外的揶揄。可小赵不仅没有知难而退，反而愈挫愈坚，乐此不疲。足见，这其中自有其高妙之处。比如，两人最近这次约会，就发生了如下对话：

小赵："春天到了，我们见面的频率也可以提高了。"

女友："为什么呀？就为让我多看看你这张大方脸？"

小赵："方脸好啊！说明我为人宽厚、心地善良。"

女友："宽厚？面包又宽又厚，面包可以吃，你能吃吗？"

小赵："我虽然不能吃，但我能摸啊，绝对手感好。"

女友："呵呵，胖嘟嘟的全是肥肉，我可不想揩你的油。"

小赵："不用话里带话，在此郑重声明，本人对你绝无非分之想。"

女友："你得敢。"

小赵："我们在一起的气氛始终欠缺和谐，与整个社会环境不符啊！"

女友："你是罪魁祸首。"

小赵："你才是不折不扣的干扰剂。"

女友："你强词夺理，快离我远点儿吧。"

明眼人都能发现，这对恋人已经彼此依赖、充分信任了。恋人间的斗嘴从形式上看和吵嘴很相似。你有来言我有去语；你奚落我，我挖苦你；毫不相让，锱铢必较。但与吵嘴不同的是：斗嘴时双方都是以轻松、欢快的态度说出那些"尖刻"的言辞，有了这层感情的保护膜，斗嘴就成了表现亲密与娇嗔的最好方式。况且，这种斗嘴并非真要解决什么根本性的分歧，而只是借助语言的外壳促使两颗心灵进行碰撞，往往碰撞得愈是激烈，心中的爱意愈是强烈。这其中的奥妙，当事人的体会定是更深。

恋人之间每每发生的斗嘴，看似尖锐其实柔和，斗嘴比直抒胸臆式的甜言蜜语有更大的展示情人间感情个性的空间。所以恋人之间颇喜欢这种语言游戏，他们在这种轻松浪漫的游戏中加深了解，斗嘴调剂着爱情生活，使之更加丰富多彩。但是，斗嘴也要有一定的原则和分寸，应注意以下两点。

1．不要伤了对方的自尊

斗嘴时，不能对对方进行冷嘲热讽，更不要揭对方的伤疤。如果伤了对方的自尊，斗嘴就会变成争吵。比如你说："你不给我买，没关系啦。你才不是因为颜色不适合才不买，而是因为你小气才不买！"这种话只会激怒对方，没有一个男人能够容忍冷嘲热讽，所以你不如大度一些："不要紧，谢谢你的提醒，不然就花冤枉钱了。"听了这样的话，他一定在心里赞赏你是个明白事理的人。

2．看对方的心情

斗嘴因为是唇枪舌剑的交锋，只有有一个宽松的环境、充分的心灵余裕，才能享受它的快乐。因此斗嘴时要特别注意恋人当时的心境。大家都有这样的经历：心情愉快时，可以随便耍嘴皮、开玩笑。可当你的恋人为某件事愁眉不展或心情不好时，你频频耍嘴皮子，后果可想而知。这样，斗嘴的味道就会变得苦涩。

总之，恋人之间斗嘴只要把握好了度，就不会伤及感情，甚至还会增进彼此的情感。

情真意切，打动对方的心

什么叫爱情？爱情就是爱人相互之间的沟通和理解。所以与爱人相处，并不需要什么豪言壮语，只要你情真意切，表现出对对方的关心，即使是平淡如水的话语也能打动对方的心。

有位连长的妻子，在农忙之后，来部队探亲。来队之前，她想了很多很多，她要痛痛快快地向丈夫诉苦，她要告诉丈夫她是怎样早晚不得休息地拉扯孩子的，她是怎样带着病弱的身子在田野里忙种忙收的，她是怎样细心周到地照顾公婆的，她是怎样无故地受到婆婆的责怪和小姑的谩骂的……她装了一肚子烦恼、委屈和不平，来到了军营。当丈夫带着训练场上的一身尘土，领她走进他的小屋时，在她的耳边轻声细语地说："没有你，我寂寞得不得了。"一句话说得她鼻子酸了，含泪的眼里闪烁着幸福甜蜜的光亮。没有比这句话更令她高兴的了，她希望的就是这个——她在他心中的位置。她知道丈夫想她，丈夫爱她，丈夫不能没有她，她那一肚子烦恼、委屈和不平都烟消云散了，留在心里的只有甜蜜、快乐和幸福。

只有情真意切才会打动人心，若无真挚，华丽的词句只是谎言。上例中的这位连长不但是领兵打仗的行家，还是征服妻子的能手。一句普通但真挚的悄悄话，便化解了妻子的怨气。生活中常见一些夫妻，都想得到对方的爱，却不懂得如何才能得到对方的爱，由此而导致互相埋怨，冷漠相处，爱泉也逐渐枯竭了。这些夫妻应该想想那位连长的做法，不要埋怨，不要等待，只有情真意切，才能打动对方，打开沟通双方心灵的"秘密通道"。

说到情真意切、真情流露，孙犁所描绘的水生夫妇的生活场景，为我们提供了一个美妙的范本。

孙犁的名作《荷花淀》中，水生夫妻的对话仿佛是一首回味无穷的爱情诗篇，其中洋溢着深厚的关切之情。

水生嫂以温柔体贴的话语表达出了对丈夫的深情，她了解丈夫——朴实勤劳，积极能干，小苇庄的游击组长、党支书记，她怎能不爱他呢？所以，当水生从区上回来时，她首先要问的便是："今天怎么回来得这么晚？"语气温柔，充满了体贴和关切的感情。轻轻的一句话，却包含了这样的意思：今天你在外面怎么样？这么晚怎不叫人心急？你吃饭了吗？水生嫂有的只是宽厚贤淑和温柔之情。这柔柔的一声仿佛是荷花淀飘来的温馨的荷香，让水生顿觉轻松，一天的疲劳也消失了。当水生询问儿子的情况时，她又轻言细语地说："和爷爷收了半天虾篓，早就睡了。"言语不多，却有许多信息。她讲了儿子和公公的一天活动。她以"儿子早睡了"含蓄地露出了那种嗔怪丈夫回来太晚的心境，但这种嗔怪却是一种关心、一种疼爱。

除了语言，水生嫂对丈夫的深情还表现在对丈夫表情的敏锐观察上，当她看到水生脸有些红，说话气喘吁吁时，她便关切地问道："他们几个呢？"当她又看到丈夫的笑有些异常时，又询问了一句："怎么了，你？"她是那么了解丈夫，他的举手投足皆在她的关注之中，足以表明她的细致入微，关切周到，也可以说明她与他的深厚感情。

当水生叙说了他第一个报名要求明天到大部队去的时候，她低着头轻声说了句："你总是积极的。"作为妻子，她既为丈夫积极向上的行为而骄傲、自豪，又为即将到来的夫妻别离而难舍难分。但她毕竟是水生的妻子，所以她在嗔怪中又能站在丈夫的角度，去替丈夫分忧。在水生对她进行了形势教育，并希望她支持他去参军时，她虽然说出了家里的困境，但最后还是深情地说："你明白家里的难处就好了。"识大局顾大体，深明爱国主义，挑起了家庭重担，解除了丈夫的后顾之忧。

水生是个男子汉，虽豪爽刚毅，却胸怀博大，粗中有细。他懂得在怎样的时机用细腻体贴的语言安慰妻子，使她更支持自己的工作。所以他的话从整体上就表现出一种情与理结合的特点。道理简单，却情真意切。"我是游击组长，是干部，自然要站在头里"是对妻子温情的叙说；"他们全觉得你还开明一些"则又是对妻子的由衷赞扬；"家里的事你就多做些"则是对离别后妻子独自担当家庭生活重担的处境的深情体谅；"千斤担子你先担着吧，打走鬼子，我回来谢你"更体现了丈夫对妻子给予的理解和支持的深深感谢与崇高敬意。还需要说什么呢？做妻子的足以能感觉到心灵的温暖和慰藉了。

在水生和水生嫂这样一对仅仅是粗通文墨的青年农民夫妻的对话里面，我们丝毫看不到一种语言修辞的炫弄。这里有的只是夫妻间倾心商谈的语句，有的只是夫妻间倾注了深厚情爱的言辞。正因为如此，他们的语言才显示出了他们感情的朴实无华。

谈情说爱着重于"谈"、"说"二字，它是以感情作为基础，所以，情话要动情地说，要说得情真意切，方能打动对方的心。

好男人是夸出来的

俗话说："好男人是夸出来的。"的确，很多事实证明，女人给男人多些赞美，婚姻生活会收到意想不到的好效果。人都有喜听好话的天性，男人自然不例外。有时候，男性比女性更爱慕虚荣，所以女人应该学会赞美自己的男人。

可令人遗憾的是有的女人不懂这个道理，总是对自己的老公百般挑剔，甚至是挖苦。很多男人在人前是顶天立地的硬汉，人后却像个虚弱疲倦的孩子。一个女人如果老说自己的男人无能，男人要么一蹶不振，要么万念俱灰而去寻找一个能点燃他新希望的女人。

有一天，两个猎人一同上山打猎，各打了一只老鹰。甲回家后，妻子很高兴，称赞他很能干，连飞得很高的鹰都能打到。乙则完全不同，回家后妻子埋怨他无能没本事，从早到晚只打了一只鹰。第二天，甲想：打了一只鹰算什么，我还要打更多的猎物给妻子看看，于是干劲十足地上了山。乙则情绪低落，上山后懒洋洋地睡大觉，他要让妻子知道，鹰并不是那么好打的，弄不好连一只也打不到，傍晚时乙两手空空回了家。

在任何时候，妻子的夸奖都是对丈夫最好的激励。每个男人的成功都离不开妻子真诚的赞美和激励，妻子的赞美能使自己心爱的男人那潜藏在内心的潜力充分发挥出来。作为女性，不要对男人过于苛刻，过分挑剔，更不要拿别的男人和他来比较，应当温柔地鼓励他、赞赏他，为他打气加油，努力寻找他身上的闪光点。当他把一件很平常的事情做得非常圆满时，当他向他的梦想迈出了小小的一步时，女人都应该马上赞美他，这个时候女人的赞美不仅仅是一种肯定，更是一种信赖，这样也增强了女性的魅力。同时，女人的赞美会改变男人的人生观和整个处世方式，让男人认为他有义务去更努力地工作，为了家庭、为了妻子、为了两人以后的美丽人生而努力获得更大的成功。

小丽和小芳是一对好朋友，她们都结婚并拥有了各自的家庭，但不同的是，两个人对待自己老公的态度却截然相反。

小丽的丈夫是一家科研所的研究员。按理说，这是一个让人羡慕的职业，可是小丽总是成天在众人面前数落丈夫："满屋子都是书，能当饭吃？整日里抱着书本像真的一样，还不是老虎戴眼镜。那天他心血来潮，说是修理电视机，结果呢？修得不仅声音没有了，连图像也不见了。难得下一次厨房，炒出的鸡蛋是煳的，烧出的饭是带了彩的……"旁人哈哈大笑，这让小丽越说越带劲，更是将丈夫的所有缺点和失态暴露无遗。从此，丈夫在别人的心中成了一个取笑的对象。结果，丈夫的脸越来越阴沉，情绪越来越低落。

小芳就截然不同。丈夫几年前还在卖报纸，当他发现经销书籍很有发展前景，就开了一家书店，生意果然做得很红火。面对别人的称赞，小芳总是自豪地说："以前，我真不知道他这么能干，其实，他过去只是没有找到显露自己才华的机遇而已。现在可好了，他在这个行业里如鱼得水，我真佩服他掌握的行情是那么的准，捕捉的信息是那样的多，对读者的需求把握得那么好，进的书总是畅销，总是供不应求……"毫无疑问，小芳的夸奖，为丈夫在众人面前树立了良好的形象，也激励着丈夫把书店的生意越做越兴旺。

女人要学会用自己的口头功夫，夸赞与表扬自己的男人，这样能给予男人最大的成就感，如果你一直都批评他做的家务不好，总有一天他会厌烦，到头来还是你把事情往自己身上揽。但是如果你多多表扬，适当地提建议，像钓鱼一样收放自如，你的男人就会尽力把事情做得更好，作为一个女人，你也就不必这么累了。俗话说："聪明的女人多说话，愚蠢的女人多做事。"当然这很片面，但是不能说完全没有道理。

每个人都有被人肯定的需求。在婚姻生活中，妻子是和丈夫相守时间最长的人，也是最有机会了解和影响丈夫的人。来自妻子的夸奖对于他会有很大的诱惑力，能够有效地增加他工作和生活的信心，而且夸奖更有助于幸福生活，因此，夸奖男人是幸福女人必知的说话之道。

好男人是夸出来的，只有毫不吝惜地赞美他，让他深刻感受到你的爱意与体贴，让他在你的赞美中觉醒奋起，那么，婚姻才会更坚固、更美满。所以，女人应该学会用欣赏的目光和赞美的话语去开发男人的智慧和潜力。即便他很普通、很平凡，但如果你用伯乐一样的慧眼去发现他不为人知的闪光点，用自己的激情和爱去为他鼓鼓掌、捧捧场，那么拴住男人的心就不是什么难事了。

多说甜言蜜语，尽享爱情盛宴

相恋中的男女相处的时候，甜言蜜语是必不可少的，尤其是爱侣已到谈婚论嫁的阶段，双方的嘴巴都像是抹了蜜糖，甜言蜜语往往成了双方谈话的主要用语。

一般来说，女人有爱听甜蜜语言的天性。沐浴在爱河中的女人的字典里是永远没有老套的字眼的。在大多数女性的意识中，语言比行动更为重要。假如男人不在她们耳边重复着说"我爱你"，她们就认为对方并不在乎自己，自己在对方心中没有地位。处于幸福、甜蜜状态的女性，都是根据恋人的甜言蜜语得到安心的。

丽丽的先生口才不算差，谈论业务头头是道，一谈到感情，就木讷得不知所措了。热恋时他也只局限于夸丽丽人好，开朗大方，知书达理。最多说一句"你今天看起来挺好看的"。而丽丽最想听到的那些话他却说不出来。

已经到了谈婚论嫁的程度了，他还没有对丽丽说过"我爱你"这三个字。终于有一天丽丽忍不住了，直接考问他："你爱我吗？"他忙不迭地点点头。丽丽不满意，继续逼供："那你说啊！"他脸红了，磨蹭好一会儿才艰难地说了一个字"爱"。丽丽还是不满意，让他把话说全了，他便皱起眉头，好像很委屈地说："你干吗非要我说，我对你有多好，你都知道的。"

结婚后丽丽又多次旧话重提，问先生爱不爱自己，结果先生反问她："工资卡交给你了，家里事都由你做主，我帮你做家务、倒洗脚水，陪你逛街帮你拎东西，你说我爱不爱你？"尽管丽丽知道先生是爱她的，也经常用行动表达对她的爱，但丽丽还是希望先生能把他的爱用语言表达出来。

事实上，处于幸福、甜蜜状态的女性，都是根据恋人的甜言蜜语了解对方的。尽管有些时候，女人心中也明白自己在恋人心中的地位，但她还是希望恋人能把它说出来。她们要求男人这样做的唯一理由就是：你关心我，就要说出来让我知道，你不说，我又怎么会知道呢？而大多数的男人则认为：实际的行动比甜言蜜语要重要得多。他们往往只注重满足女人一些实际的需求，而忽视了满足女人的心理需求。在现实生活中，许多情侣都因此产生过隔阂，为此分手的也不在少数。因此，满足女性的这种心理是男性的任务。说出"我爱你"、"我喜欢你"这些话对女性是非常重要的。女性认为这样是显示她们内在价值和魅力的标志所在。

恋爱中，女人总是习惯听男人的甜言蜜语，却不曾对男人说过什么情话。其实，男人也有情感需求，尽管没女人那么多，但他们也很想听到女人的甜言蜜语，这或许就是人的天性。当女人一味地要求男人对自己信誓旦旦、海誓山盟的时候，要想想自己是否对男人做出了承诺。他们也是人，他们也希望听到你的甜言蜜语。

王建相恋了三年的女友向他提出了分手，因为她想出国，并且她爱上了一个老外。这对他的打击很大，从此他一心扑在了事业上，不到两年的工夫，就有了自己的公司，但是在感情上他再也不轻易相信别人了。

后来他认识了护士郑茉莉，她善良聪明，最重要的是她总能用温柔的语言把他降服。比如他喜欢和朋友海阔天空地神聊，而她总是用赞许的眼神看着他，还不忘说一句赞赏他的话："你懂的好多啊，好厉害啊！"这大大满足了他的虚荣心。当他犯了错误时，她也从不当面指责，只是以纸条的形式给他开"处方"，那些纸条有时藏在他的衣袋里，有时夹在书里，上面的字句，婉转地纠正了他的一些说法，最后还不忘署一句"不管你做错什么，我都相信你能重新来过，我永远爱你"。王建对她的甜言蜜语和温柔的做法自然是很领情的，同时心存感激。

相爱了一年后，他们准备结婚。可就在这时，那个曾与王建相恋三年的女孩却忽然回来了，说想和他重新开始。这让王建犹豫起来，他原以为自己已经忘记了那个为了出国抛弃自己的女人。可是他发现自己心里还有她的位置。

于是，他以出差为借口，和前女友一起去了海南。但当他知道前女友不过是为了钱和他在一起时，王建心里非常后悔。

后来王建很快买了回程机票，和郑茉莉重逢的那一刻，他看到了红肿着双眼的她，依然装出很快乐的样子迎接他，他知道她一定知道真实的情况，可她还是一脸温柔地对他说："人都有犯错的时候，但我相信你不会再有第二次，没关系，让我们忘了以前，重新来过。不管发生什么，我永远爱你。"这让他感到一阵心痛。他什么都没说，只是紧紧地把她拥到了怀里，他想这一辈子，他都要好好保护她，爱她，给她幸福。婚后，王建对郑茉莉百依百顺，因为他知道她是最值得自己珍惜的好女孩。

从这个事例中可以看出：男人和女人一样，也爱听甜言蜜语。不会说情话的女人，生活是暗淡无光的。

在现实生活中，男人作为家庭或者说未来家庭的保护神，除了承受着社会、家庭、爱情等方面的压力，还要不时迎接自尊给他们带来的挑战。当一个男人不管不顾地陷入爱情的时候，就是他最脆弱的时候。在这个时候，女人一句美言就能让他倍感关怀。所以，作为一个女人，你要学会适时地把自己的甜言蜜语送给他，博得他的欢喜和宠爱。

虽然甜言蜜语的爱情不一定能够长久，但是，长久的爱情，一定需要甜言蜜语。因此，相爱相恋的人们，要时常记得把甜言蜜语挂在嘴边。